El Amor de tu Alma

Título original: Your Soul's Love
Traducido del inglés por Antonio Gómez Molero
Diseño de portada: Editorial Sirio, S.A.
Maquetación: Toñi F. Castellón

© de la edición original
   2021, Robert Schwartz
   Publicado inicialmente por Whispering Winds Press LLC,
   a través de Sylvia Hayse Literary Agency LLC,
   www.sylviahayseliterary.com
   Todos los derechos reservados

© de la presente edición
   EDITORIAL SIRIO, S.A.
   C/ Rosa de los Vientos, 64
   Pol. Ind. El Viso
   29006-Málaga
   España

www.editorialsirio.com
sirio@editorialsirio.com

I.S.B.N.: 978-84-18531-64-4
Depósito Legal: MA-403-2022

Impreso en Imagraf Impresores, S. A.
c/ Nabucco, 14 D - Pol. Alameda
29006 - Málaga

Impreso en España

Puedes seguirnos en Facebook, Twitter, YouTube e Instagram.

 El papel utilizado para la impresión de este libro está **libre de cloro** elemental (ECF) y su procedencia está certificada por una entidad independiente, no gubernamental, que promueve la sostenibilidad de los bosques.

Robert Schwartz

autor de

El plan de tu alma y *El don de tu alma*

*Vivir
el amor
que planeaste
antes de nacer*

EDITORIAL
SIRIO

Otras obras de Robert Schwartz publicadas por Editorial Sirio:

El plan de tu alma: ahora puedes descubrir el verdadero significado de la vida que planeaste antes de nacer

El don de tu alma: descubre el poder sanador de la vida que planeaste antes de nacer

Nota para los lectores

Mucha gente no puede permitirse comprar libros. Mi misión consiste en poner la información sanadora contenida en esta obra al alcance del mayor número de personas posible, incluidas aquellas con medios económicos limitados. Por favor, solicita a tu biblioteca local que adquiera este libro (así como los dos mencionados en la página anterior) o bien plantéate la posibilidad de donar tu ejemplar a la biblioteca cuando termines de leerlo. Este sencillo acto de generosidad ayudará a muchas vidas.

Gracias por ayudarme a compartir con el mundo el conocimiento sanador de la planificación prenatal.

Con gratitud,

Robert Schwartz
rob.schwartz@yoursoulsplan.com

¿Te gustaría conocer los planes de tu vida?

Robert Schwartz es un experto hipnoterapeuta que ofrece regresiones a los periodos entre una vida y otra. Se trata de una forma de hipnosis en la que tú mismo puedes comunicarte directamente con seres llenos de sabiduría y amor, totalmente libres de prejuicios, para conocer los planes que formulaste antes de nacer, así como sus motivos, y saber cómo los estás llevando a cabo y cómo podrías cumplirlos mejor. Son unas sesiones inestimables que te ayudarán a descubrir el propósito más profundo de tu vida: qué significan tus experiencias, por qué ciertos patrones se repiten y determinadas personas forman parte de tu vida y qué fue lo que decidiste aprender de esas relaciones. Estas sesiones te permitirán conseguir la sanación física y emocional, el perdón, un aumento de la paz y la felicidad y un conocimiento profundo de quién eres y por qué estás aquí.

Si deseas más información, visita el sitio web de Robert en www.yoursoulsplan.com o escríbele directamente a la siguiente dirección: rob.schwartz@yoursoulsplan.com.

Dedicado a

Liesel,
mi querida y adorada alma gemela,
y al equipo espiritual sin cuya ayuda este libro no sería posible.
Y a Tricia, Ryan,
Alexa, Jorge y Luca, Cathy,
Sarah y Jim.
Y sus seres queridos.

El mundo está lleno de cosas mágicas, esperando pacientemente a que nuestros sentidos se agudicen.

W. B. Yeats

Índice

Agradecimientos

Estoy profundamente agradecido a las almas valientes cuyas historias aparecen en este libro. Motivadas por el amor y el deseo de servir, me abrieron sus corazones para que tú, estimado lector, puedas abrir más plenamente el tuyo a tus seres queridos y a ti mismo.

A Barbara Brodsky y Aarón, Pamela Kribbe y Jeshua, Corbie Mitleid, y Staci Wells y su guía espiritual: gracias una vez más por compartir vuestro amor y sabiduría con el mundo. Sois verdaderamente iluminadores de senderos. Ha sido todo un honor para mí recorrer este camino en vuestra compañía.

A Liesel, el amor de mi vida, mi agradecimiento por tu amor y tu apoyo incondicional. Me inspiras cada día a dar lo mejor de mí mismo.

Mi agradecimiento a Sue Mann por su labor de revisión, como siempre, perspicaz e incisiva. Este libro no podría haber estado en manos más capaces. A Emily Han por su escrupulosa corrección de pruebas y a Sara Blum por su hermoso diseño interior. A Barbara Hodge por su exquisito diseño de portada (de la edición original en inglés).

Gracias a Sylvia Hayse por ayudar a llevar mis libros por todo el mundo.

Gracias a la doctora Linda Backman por concederme el permiso para citar las inducciones que creó y que utilicé con las personas que comparten sus historias en estas páginas.

Este libro no habría sido posible sin las contribuciones de muchas otras personas que compartieron su sabiduría y ofrecieron su apoyo. En particular, doy las gracias a Michelle McCann y Kat Baillie. Asimismo, quiero expresar mi gratitud a los muchos guías, profesores, ayudantes, ángeles, maestros y otras entidades espirituales que han hecho posible esta obra, incluidos los Seres de Luz canalizados por mi esposa. Sois mis maestros, compañeros y amigos.

Prólogo

H ace algunos años, cuando tenía cuarenta, sentía una profunda insatisfacción. Mi trabajo empresarial me parecía insípido y vacío de significado. Aunque deseaba tener una relación sentimental, era incapaz de manifestarla. Iba a la deriva por la vida, aparentemente sin timón, dejándome llevar por la rutina, y cada nuevo día me parecía tan vacío y poco inspirador como el anterior. Me preguntaba para qué había venido al mundo. No tenía ni idea de la respuesta a esa pregunta ni de cómo encontrarla. A veces anhelaba volver a casa.

Buscándole un sentido a mi existencia, asistí por primera vez a una sesión con una médium que canalizó a mis guías espirituales. Estos me dijeron que los mayores problemas a los que me enfrentaba los había planeado *antes* de nacer con el propósito de crecer espiritualmente. Al poco tiempo de aquello conocí a una mujer que tenía la facultad de canalizar su propia alma y que, a lo largo de unas quince horas de canalización, me describió detalladamente en qué consiste el proceso de planificación previo al nacimiento. Inmediatamente sentí una conexión clara, intensa e innegable con el concepto de planificación prenatal.

Más o menos durante esa misma época viví lo que se conoce como una experiencia de transformación espiritual. Un día,

mientras paseaba ocioso por la calle, sentí una abrumadora oleada de amor puro e incondicional hacia cada persona que veía. Se
trataba de un amor completamente diferente del que se siente por
un padre, un hijo o una pareja sentimental: era un amor divino,
trascendente, que lo abarcaba todo, absolutamente envolvente e
ilimitado. Comprendí de forma intuitiva que esta experiencia era
un regalo de mi alma que me estaba diciendo: «Este amor es lo que
de verdad eres».

Entonces, decidí abandonar el mundo de la empresa y dedi-
carme a escribir libros que explicaran por qué planeamos nuestros
mayores retos antes de entrar en el cuerpo. Al cabo de unos años
escribí *El plan de tu alma*, *El don de tu alma* y el libro que ahora tienes entre tus manos. Escribir estas obras me ha proporcionado
una vida tan profundamente satisfactoria y única que a los cuarenta
años no hubiera sido capaz de imaginarla ni de entenderla. Y lo que
es más, gracias a la investigación que realicé para los libros aprendí
que el sufrimiento humano no es una experiencia aleatoria, arbi-
traria o carente de propósito, sino que, por el contrario, está llena
de significado. Esta comprensión me sanó profundamente. Mi esperanza y mi intención es que tengas acceso a una sanación similar.

Es fundamental entender que, en la vida de cada persona, no
existe un único plan existencial concreto, lineal y limitado, un plan
A, por así decirlo. Es verdad que hay un plan A, pero también un
plan B, C, D, E y muchos más... Tantos que comprenderlo va más
allá de la capacidad del cerebro humano. Estos planes adicionales
son la razón del alma para las múltiples y variadas elecciones de libre albedrío que puede realizar el ser humano encarnado. Todos
gozamos de esa libertad de elegir, y es justo eso lo que convierte a
la escuela de la Tierra en una vivencia extraordinariamente valiosa.
Sin libre albedrío no seríamos más que autómatas, con lo cual no
habría ni sería posible un verdadero aprendizaje.

El plan A es el plan vibratorio superior; es decir, una vida en la que la personalidad (una parte de la energía del alma en un cuerpo físico) toma en cada momento las decisiones más amorosas posibles. En este caso no existe una diferencia vibratoria entre la personalidad y el alma. En esencia, el cuerpo está habitado enteramente por el alma y vivimos sin la dilución o alteración creada por el ego o yo menor. Los santos y los maestros pueden ejecutar este plan, pero el resto de los mortales tomará como mínimo algunas, más bien muchas, decisiones sin amor. Aunque las decisiones no amorosas pueden causarnos dolor a nosotros mismos y hacer sufrir a los demás, también generan —si vivimos conscientemente— sanación, expansión y una capacidad mucho mayor de amar. Por esta razón, cometer errores no es algo «malo». De hecho, hemos venido aquí precisamente para cometerlos. Nuestros errores *son* nuestro crecimiento, y ese crecimiento *es* nuestro servicio al mundo y a nuestros semejantes.

La presencia y la aceptación (o gratitud) es la combinación divina que nos permite poner en marcha nuestros planes prenatales de vibración superior. Cuando estás totalmente presente y agradecido, o al menos aceptas lo que te ha tocado vivir, entras en el campo de potencialidad infinita del universo. En otras palabras, tu presencia y gratitud o aceptación le dan al Universo un ¡Sí! energético: un sí a la sanación; un sí a la comprensión más profunda; un sí a la orientación, a la abundancia, a la salud, a la claridad espiritual y a las soluciones creativas para el mayor bien de todos.

Para darle a la vida ese sí energético hacen falta fe y confianza en su bondad y en la del Universo. Esta fe y confianza las podemos cultivar de diversas formas; una de las más importantes y útiles es mediante un *conocimiento profundo* de que los retos que planificamos antes de nacer son ricos en significado y propósito. En última instancia, este libro pretende ser un camino hacia ese conocimiento.

Quienes reciben mi boletín de noticias por correo electrónico (al que te invito a suscribirte en www.yoursoulsplan.com) saben que he estado publicando las canalizaciones realizadas por mi esposa, Liesel. Ella canaliza a una hermandad de seres espirituales sabios y llenos de amor, extraordinariamente compasivos, que se encuentran en un estado de consciencia de la unidad y a los que llamamos cariñosamente los Seres de Luz. Estos seres espirituales me comunicaron lo siguiente acerca de la planificación previa al nacimiento:

Nos encanta unir la práctica de ser consciente del momento presente con tu trabajo sobre la planificación prenatal.

Visto desde un nivel mental, puede parecer contradictorio; sin embargo, no lo es en absoluto. La forma en que la presencia (que consiste en estar presente en el ahora y en un estado de aceptación o gratitud por lo que «hay» en el momento actual) interviene en la planificación prenatal es que permite que adoptemos la versión superior de los planes previos al nacimiento.

Ya explicamos anteriormente que traducir nuestro lenguaje a un idioma humano es como intentar tomar un número infinito de palabras y destilarlo en unas cien. Del mismo modo, la planificación prenatal contiene un número esencialmente infinito de permutaciones de planes reales. Esto puede parecer contradictorio para la mente humana, como si por el hecho de que exista un número infinito de posibilidades no fuera una planificación, pero te aseguramos que sigue siendo un tipo de planificación.

Los planes en sí mismos se enmarcan en lo que denominamos una curva de probabilidades multidimensional. Para facilitar la visualización, una versión simplificada de lo que nosotros entendemos por curva multidimensional sería la que se utiliza en las matemáticas y la estadística en forma de curva de campana.

Hay planes previos al nacimiento que son cursos de eventos muy probables, y hay otros planes que están en los márgenes de la curva de campana. Para muchos, la presencia y la conexión verdaderamente profunda con sus almas puede hallarse en los márgenes de la curva de campana de la posibilidad; sin embargo, este sería de hecho el plan prenatal de mayor alineación que podría elegirse en un momento dado.

Así que, en la planificación prenatal, dentro de la curva de posibilidades, se pueden hacer elecciones con las que el Universo «resuena» más que con otras. Todas ellas conducen en última instancia al aprendizaje y la iluminación, pero algunos caminos son más tortuosos que otros.

Los caminos que se eligen que están en mayor alineación con el yo más profundo, con la Presencia y el Espíritu y la Conciencia, son los más directos y por lo tanto los que dan menos rodeos.

En otras palabras, la gran mayoría de lo que se planifica se establece como una posibilidad o probabilidad, no como una certeza. Los planes de vida son fluidos, fractales y orgánicos. Que un plan concreto se realice o no depende de las decisiones de libre albedrío del individuo y de su vibración en el momento actual, así como de los acontecimientos externos y las decisiones de libre albedrío tomadas por «otros» aparentemente separados. En la medida en que uno está plenamente presente, el plan vibratorio más elevado emerge de forma natural y puede hacerse realidad en el plano terrestre. Esta versión del plan de vida es el camino menos arduo y doloroso tanto para la autorrealización y el auténtico servicio como para la alegría y la realización profundas.

Este libro es el tercero de una serie que examina la planificación prenatal de los principales retos de la vida. En las próximas páginas trataremos sobre la planificación a nivel del alma de los desafíos que se producen en las relaciones amorosas, y también en ausencia de ellas. Al igual que en mis dos libros anteriores, la visión terapéutica y la información esclarecedora se obtienen al hablar con seres espirituales, sabios y compasivos, a través de médiums y canalizaciones. Barbara Brodksy canaliza a Aarón (un maestro ascendido), así como a la Madre Divina, una mezcla de las consciencias femeninas más elevadas (Madre María, Quan Yin y otras) de nuestro universo. Corbie Mitleid canaliza el alma o el Yo Superior de una persona. Staci Wells canaliza su espíritu guía. Pamela Kribbe canaliza a Jesús, que utiliza su nombre hebreo, Jeshua.

Hay mucha más sabiduría derivada de la regresión a vidas pasadas y de la regresión del alma entre vidas o RAEV,* la forma de hipnosis en la que me especializo. En esta forma se puede hablar directamente con seres espirituales muy evolucionados (suele denominarse Consejo de Ancianos**) que saben lo que se planificó para la vida actual y por qué, cómo estamos ejecutando los planes y cómo podemos cumplirlos mejor. Una RAEV contiene una regresión a vidas pasadas abreviada.

Mi deseo es que te veas reflejado a ti mismo y a tu vida en las páginas siguientes. Que la sabiduría y la sanación encontradas por estas almas valientes se conviertan en herramientas de tu propia sabiduría y sanación.

---

* N. del T.: En el original, «Between Lives Soul Regression or BLSR».

** N. de la E.: En el original, Council of Elders. Aunque hemos optado por traducir *elders* como 'ancianos', en este escenario espiritual el concepto tendría más que ver con la sabiduría y la evolución del alma que con la edad tal y como se entiende en el plano terrenal.

CAPÍTULO 1

CR∞

Infidelidad

Las encuestas indican que casi uno de cada cinco adultos en relaciones monógamas ha engañado a su pareja. Prácticamente la mitad de las personas admiten haber sido infieles en algún momento de su vida. Si se descubre, la infidelidad puede destruir la confianza y generar sospechas, confusión, rabia y sentimientos de traición y quizá de no valer lo suficiente. El cónyuge infiel podría sentirse atormentado por la culpa y llegar a despreciarse a sí mismo. Los lazos de amor que tardaron años en crecer pueden deshacerse de la noche a la mañana.

Teniendo en cuenta la incidencia de la infidelidad, me parece probable que muchas veces se planifique antes de nacer. Sin embargo, ¿por qué querría un alma ser traicionada? ¿Por qué otra alma aceptaría ser la traidora? ¿De qué manera serviría una experiencia tan dolorosa a la evolución? ¿Y cómo puede utilizarse la comprensión del plan prenatal para ayudar a sanar la herida generada por la infidelidad? Para analizar estas y otras cuestiones, hablé con Tricia sobre la traición que sufrió en su matrimonio.

Tricia

Tricia tenía setenta años en el momento de nuestra conversación y comenzó contándome la conexión que ella y Bob, su marido, ya fallecido, sintieron en su primera cita cuando ambos tenían poco más de treinta años.

—No podíamos dejar de descubrirnos mutuamente —recordó—. El restaurante donde habíamos cenado tenía que cerrar, así que seguimos en la calle, caminando, hablando y riendo hasta medianoche. Para mí fue como haber encontrado mi hogar. ¡Qué hombre, con esa exuberancia y ese desparpajo que tenía! Estábamos mirando las estrellas y me preguntó si podía besarme. Por supuesto, le dije que sí. Se me doblaron las rodillas. Me sentí débil. Nunca había sentido nada parecido. Era esa sensación de *conozco a esta persona*. Desde esa primera cita, ya no volvimos a separarnos.

Cuatro meses más tarde, Tricia y Bob se casaron.

—Nada nos importaba —me dijo Tricia—. En nuestra luna de miel en Hawái, nos robaron todo el dinero que guardábamos en la habitación y nos reímos.

Durante los siguientes diecisiete años, ambos disfrutaron de la armonía matrimonial. La relación era todo lo que Tricia había esperado y más. Entonces, abruptamente, algo cambió.

—Bob asistió a una conferencia y cuando regresó a casa me habló de una mujer que había conocido, Claire. Yo ya la conocía de oídas por algunos de sus colegas y sabía que era una joven hermosa, atlética y soltera. Bob estaba encantado porque ella le había enviado una nota. Le dije: «¿Por qué te escribiría una nota esa chica?». Me contestó bruscamente, nunca lo había hecho antes: «No lo sé». Luego se levantó del sofá y se marchó. Había muchas otras pistas, y una de ellas era clarísima. Había manchas de una eyaculación en su ropa. Yo era tan inocente y lo quería tanto que recuerdo que cuando lavé la ropa pensé: «Espero que esté bien. No voy a decirle nada porque no quiero avergonzarlo». Así de ingenua era.

Tricia empezó a tener una pesadilla recurrente en la que Bob estaba con Claire y le decía: «Me voy. Ya no te quiero. Estoy enamorado de ella». Cuando Tricia le contó a su marido el sueño, su respuesta fue: «Siento mucho que estés pasando por esto», pero no le dijo que no había ninguna razón para preocuparse.

—Hubo una vez en la que Bob llegó a casa de una de esas reuniones en las que participaba Claire, y me besó. Olía a perfume. Me eché para atrás y dije: «¡Qué asco! ¿Qué es este olor?». Él se inventó una historia de que había salido a cenar con unos amigos y la camarera lo había abrazado.

Poco después, Bob, que no estaba contento en su trabajo, le contó a Tricia que le gustaría mudarse a Oregón. Ella aceptó. Tras la mudanza, Bob encontró un nuevo puesto laboral de su agrado. Pasaron diez años, años en los que «recuperamos el cuento de hadas», como dijo Tricia. Durante este periodo de tiempo, los indicios preocupantes parecían haber quedado atrás.

Una noche, Bob estaba escribiendo en su diario mientras Tricia se preparaba para ir a la cama.

—Sentí que me invadía una emoción —dijo Tricia—. Algo que venía del fondo de mi ser. Empecé a respirar con dificultad. Bob me preguntó si estaba bien. Entonces le dije: «No, no lo estoy». La voz que me salió era muy distinta a la mía. «Siento mucha rabia. Necesito que hagas algo por mí. Quiero que me digas todo lo que pasó con Claire». Ahora bien, ya habían pasado diez años de aquello. En todo ese tiempo ni siquiera habíamos hablado de Claire; hacía mucho que se había ido. Yo no tenía ni idea de por qué estaba diciendo eso. Era como estar en una obra de teatro donde tienes que recitar un texto. A Bob se le pusieron los ojos como platos. Dejó caer su diario, puso cara de asombro y dijo: «Solo nos besamos». Al oír eso le arrojé el teléfono y le dio de lleno en la cara.

Bob admitió entonces que había tenido una aventura de un año con Claire.

—Me caí al suelo —continuó Tricia—. ¡Creí que me iba a morir! Seguimos con esa conversación durante toda la noche. Estaba tan enferma que vomitaba. Gritaba palabras que no había utilizado en mi vida. Pude ver el impacto en su semblante. Oí una voz en mi mente que decía: «Abrázalo. Quiérelo, solo eso», pero la ignoré. Bob se deshizo en arrepentimiento y remordimiento.

Tricia estuvo noche tras noche, semana tras semana chillándole a Bob. Y él le preguntaba: «¿Qué quieres que haga?». «¡Que te mueras!», respondía ella a gritos.

Seis meses después, Bob empezó a sentirse mal. Una biopsia mostró que tenía la forma más agresiva de cáncer de próstata. Le dieron tres meses de vida.

Olvidando su enfado, Tricia trasladó una cama de cuidados paliativos a la sala de estar para que Bob pudiera ver la televisión y mirar los pájaros a través de la ventana. Ella dormía en un cojín a los pies de su cama.

—Le hacía todo: lo cuidaba, lo bañaba, le daba de comer...

Se pasaban el tiempo mirando fotos antiguas, viendo películas y hablando de los momentos más felices de su relación. También encontraron la manera de sanar.

—Regresamos a nuestros recuerdos y los modificamos para hacerlos como esperábamos que hubieran sido. Nos dijimos lo que deberíamos, las palabras que tendríamos que habernos dicho hacía tiempo. Como si representáramos una escena, fingimos que Bob acababa de llegar a casa del trabajo y me contaba que una chica lo había tentado. Y entonces tuvimos la conversación que nos hubiera salvado en ese momento. Era como rehacer los errores.

Era muy poderoso porque cada vez que lo hacíamos desaparecía el viejo escozor.

Poco a poco, suavemente, Tricia sintió que su ira se disolvía.

—Le dije a Bob, y era completamente cierto, que lo había perdonado de todo corazón. Y vi en él algo que jamás había visto en mi vida: amor incondicional, amor incondicional absoluto, por mí.

Luego, tres meses después de su diagnóstico, Bob murió.

—Vive dentro de mí —prosiguió Tricia en voz baja—. Sé que está ahí. Lo oigo. A veces oigo su voz. A veces es solo una sensación.

Antes de esta conversación, Tricia me dijo que creía que la aventura de Bob con Claire la habían planeado entre todos ellos antes de que comenzara esta vida.

—Tricia —pregunté—, ¿por qué crees que los tres queríais tener esta experiencia?

—Bob creía, según me dijo, que esta vida le serviría para aprender a defender aquello en lo que creía, a decir *no* cuando debiera, a no dejarse manipular.

Escuchando esta explicación me pregunté si Bob pensaría ahora que había fracasado en esa lección. ¿Planificaría otra vida para «hacerlo bien»?

—En cuanto a mí —prosiguió Tricia—, vine aquí para aprender el amor incondicional. Bob fue mi mejor maestro. Con él aprendí lo que es el amor incondicional. Cuando era joven, rompía corazones. Abandonaba a mis parejas, o tenía aventuras... Una vez estuve con un hombre casado. No entendía todo el dolor que causaba. La mayor lección fue aprender lo crueles que podemos llegar a ser cuando hacemos algo sin pensar en los demás.

»En cuanto a Claire, hablé varias veces con ella. Me dijo que se sentía una víctima de la vida y que la única manera de no serlo era seducir a la gente —hombres y mujeres, incluso a familiares— para que hicieran lo que quería, así se sentía segura y poderosa.

Probablemente vino aquí para superar la sensación de que el mundo estaba en su contra. Cuando hablamos por primera vez, creo que aún no lo había superado. La última vez que conversé con ella fue hace unos años; era mucho más sabia y fue muy amable conmigo.

»La sanación que se ha producido a través de esta experiencia... no sé cómo explicar lo poderosa que es porque nos ha cambiado por completo la vida.

—Tricia, algunas personas que lean este capítulo habrán sufrido por una pareja que tuvo una aventura. Quizá se encuentren en el momento más intenso del dolor. Podrían leer tus palabras y pensar: «Da la impresión de estar diciendo que el hecho de que mi pareja me haya engañado está bien porque lo planificamos, pero yo no lo veo así. Me duele mucho. Estoy furioso». ¿Qué les dirías?

—Cuando estaba en medio de esa experiencia —contestó Tricia—, estaba convencida de que aquello era lo más horrible que había sucedido nunca. Y no creo que nadie pudiera hacerme cambiar de idea. Si hubieran hecho una película con esa historia, sería un dramón, pero con un final transformador.

El comentario de Tricia se hacía eco de lo que yo había visto en mis clientes que habían sanado sus mayores retos. En medio de la experiencia, es importante y necesario reconocer, respetar y sentir plenamente el propio dolor. Años más tarde, quienes tuvieron el valor de hacerlo hablaron de lo crucial que había sido el desafío vital en su evolución.

Tricia me sorprendió entonces con esta revelación: Bob le habló una vez de que la aventura con Claire podía haber sido planeada por todos ellos antes de nacer.

—¿Cuándo dijo eso? —pregunté.

—En su cama de la residencia, unos días antes de su fallecimiento.

—¿Cómo llegó a ser consciente de eso?

—Iba a lo que él llamaba «el otro lado». Cuando regresaba de allí, le brillaban los ojos y decía que le habían dicho que planificamos nuestras vidas, que escribimos un guion para enfrentarnos a situaciones que nos permiten crecer espiritualmente, pero que tenemos libre albedrío en nuestra forma de responder.

Le pregunté a Tricia si había algo más que le gustaría decir a alguien que sufre porque su pareja ha tenido una aventura.

—Sé cómo se siente uno. Lo que me decía a mí misma todo el tiempo (y estas palabras me reconfortaban) era que él no lo hizo porque no me amara. Aquello únicamente tenía que ver con sus propias debilidades, no era porque no me quisiera, ni para hacerme daño, ni mucho menos porque fuera malo. Date cuenta de que sigues siendo la misma persona que ama tu pareja, y ella la misma que tú amas.

Regresión del alma de Tricia a vidas pasadas

Para determinar si Tricia, Bob y Claire habían planeado la aventura extramatrimonial de Bob antes de nacer, Tricia y yo comenzamos con una regresión del alma a vidas pasadas. La dirigí a través de los pasos habituales de relajación; luego bajó una escalera y entró en la Sala de Registros. Avanzó lentamente por el pasillo hasta que una puerta en particular captó su atención. Le pedí que la cruzara y se adentrara en la vida pasada que había tras ella.

—¿Estás fuera o dentro? —le pregunté.

—Dentro. Es una cafetería con sillas y mesas redondas, amplia, con mostradores y gente atendiendo detrás de ellos. Es de día. Hay luz que entra por la ventana. Estoy sola. Es un ambiente cálido y cargado. Huele mal, a humo de cigarrillos.

»Tengo unos zapatos de tacón. Sencillos, no muy atractivos. Llevo medias de nailon, una falda —puedo sentir el dobladillo— y una chaqueta femenina de color marrón con una blusa roja muy brillante. Es una ropa de trabajo bonita para la jornada. La falda va a juego con la chaqueta. Llevo las uñas pintadas, una pulsera en el brazo derecho y un anillo en la mano izquierda. Es un aro de oro con otro anillo al lado; parece un pequeño trozo de piedra, muy pequeño.

Le pedí a Tricia que visualizara un espejo frente a su cara.

—¿Qué ves reflejado?

—Soy joven, muy atractiva, con los labios pintados de rojo. Llevo sombrero. El pelo, oscuro y ondulado, me llega hasta los hombros y tengo una piel muy clara. Soy pequeña y delgada.

—Deja que el espejo se desvanezca —dije suavemente—. ¿Qué estás haciendo ahora?

—Estoy mirando las mesas. Me siento muy agitada, nerviosa, desdichada, asustada... Alguien va a venir. He quedado allí con él. Llevo un bolso en el brazo derecho. Lo abro para tomar un pañuelo. De vez en cuando pasa gente junto a la ventana. Pasa un hombre con sombrero. Hay un periódico en el mostrador. Camino muy despacio, me detengo, miro, estoy nerviosa. Hay una mampara que divide la sala, una señora sentada en un taburete alto, un poco más allá dos hombres bebiendo algo. Hay mucho silencio. Un hombre se acerca a la puerta.

—¿Es la persona con la que has quedado?

—No.

—¿Aparece la persona con la que has quedado?

Tricia se quedó callada mientras dejaba que la escena avanzara.

—No.

—¿Cómo te sientes al ver que no aparece?

—¡Fatal! —respondió con dolor en su voz—. Traicionada. Abandonada. Muy triste. Muy triste.

—¿Sabes con quién te ibas a encontrar?

—Alguien muy importante para mí. —Empezó a llorar—. Es... mi marido. Era su manera de decirme que, si no venía, ya no volvería nunca. Ahora lo sé. Lo sé ahora. Estoy segura de ello. *Tenía muchas esperanzas de que así fuera.*

—Tricia, quiero que sientas la energía del hombre que no apareció. ¿Es tu marido en esa vida alguien que está o estuvo en tu vida actual?

—Sí —respondió con la voz temblorosa—. Era Bob. Mi Bob. —Empezó a sollozar.

—Deja que cualquier emoción que surja fluya a través de ti, con la certeza de que las lágrimas son curativas y limpian tu alma —le sugerí.

Durante unos momentos hicimos una pausa mientras las lágrimas fluían. Cuando el llanto de Tricia se calmó, la adelanté a la siguiente escena de esa vida.

—Hay una acera, árboles. Es precioso, casi como un parque —describió, ahora repentinamente alegre—. Hace un día muy bonito. Estoy caminando, me siento muy contenta, respirando la brisa. Hay un chico joven en bicicleta delante de mí. Lo saludo con la mano. Lo conozco. Es mi hijo.

Le pregunté si sabía si el padre del niño es el mismo hombre que no había aparecido en el café.

—No es el mismo hombre —dijo con seguridad—. Es una sensación muy diferente.

A menudo, la gente tiene esa *sensación de certeza* ante determinados hechos en su regresión. Es el mismo tipo de conocimiento que experimentamos cuando hemos abandonado el cuerpo y el Hogar está en el otro lado.

—Soy joven y saludable —continuó—. Me siento como si tuviera tal vez treinta años. Estoy casada con el padre del niño. Ahora estoy abrazando a mi hijo. Luego él vuelve a su bicicleta. Ahora va delante de mí. Hay un perro corriendo por la hierba. Hay un edificio más adelante hacia el que me dirijo, un gran bloque de ladrillo, como un edificio de oficinas o de la universidad. Estoy muy contenta, muy feliz, feliz de estar con el niño.

»Voy a entrar en el edificio. He quedado con mi marido. Atravieso las puertas. Puertas dobles, grandes, doradas, con picaportes muy grandes. El suelo del interior es de baldosas pulidas. Mi hijo deja su bicicleta fuera y viene conmigo. Lo tomo de la mano. Caminamos por un pasillo. Hay un hombre —ahora reía alegremente—, mi marido. El niño corre a sus brazos. Me siento muy feliz.

»Mi marido me sujeta por la cintura. Agarra una chaqueta y se la pone. Ahora estamos caminando por el pasillo. Me toma de la mano. Salimos por la puerta y mi hijo va a por su bicicleta. Volvemos por el camino por el que he venido.

—Tricia —dije—, confiemos en que tus guías y tu alma te han traído a esta escena por una razón. ¿Qué necesitas saber sobre la escena que se te muestra?

—Me siento muy afortunada. Pasó algo muy malo y lo superé. Por eso me siento tan dichosa.

—¿Lo malo que pasó fue que tu primer marido te dejó?

—Sí. —Comenzó a llorar de nuevo—. Estoy segura.

—¿Hay algo más que puedas experimentar aquí, o estás lista para seguir adelante?

—Estoy lista.

—A la cuenta de tres —le indiqué—, avanzarás inmediatamente a la siguiente escena o acontecimiento significativo de la vida que estás viviendo ahora. Uno..., dos... ¡y tres! ¿Dónde estás ahora y qué está pasando?

—Ya soy bastante mayor, por lo menos sesenta años. Estoy en mi casa, en mi habitación. Sola. Me siento cansada y débil. Tengo frío, pero no puedo taparme con la manta. No puedo moverme. Tengo los ojos cerrados.

Le pregunté a Tricia si sabía si este era el último día de esa vida.

—Creo que sí.

—¿Te sientes satisfecha con esta escena o te queda algo más por experimentar aquí?

—Siento que esa vida ha terminado. Estoy dispuesta a seguir adelante.

—Cuando estés lista —dije—, deja que la vida que has estado examinando llegue a su fin. Tu alma sabe exactamente lo que ocurre al final de una vida. Tu alma sabe cómo salir de un cuerpo físico cuando una vida se ha completado.

»Acabas de morir y te alejas del cuerpo físico. Has pasado por esta experiencia muchas veces antes, y no sientes ningún dolor o molestia física. Al salir del cuerpo, podrás seguir hablando conmigo y respondiendo a mis preguntas porque ahora estás en contacto con tu verdadero ser interior, tu alma. Siente cómo tu mente se expande hacia los niveles superiores de tu ser.

»Ahora estamos yendo a un lugar de conciencia expandida mientras asciendes al reino amoroso de un poder espiritual que todo lo sabe. Aunque solo estás en la puerta de entrada a este hermoso reino, tu alma puede sentir la alegría de ser liberada. Todo se volverá muy familiar para ti a medida que avancemos, porque este reino pacífico encarna una aceptación omnisciente. Ahora, mientras cuento hasta tres en voz alta, quiero que pidas en silencio a tu guía espiritual que aparezca cuando llegue a la cuenta de tres. Uno..., dos..., ¡tres! Describe el aspecto o la sensación que te produce tu guía.

—¡Una luz hermosa! —exclamó Tricia, con una nota de asombro en su voz—. Una mujer: parece muy femenina y leve...

—Pídele a tu guía que te diga un nombre para llamarla.

—Reeding.

—Pregúntale a Reeding por qué se te mostró esa vida pasada en particular y qué es importante que entiendas de ella.

A continuación, Tricia me transmitió la conversación que se desarrolló en su mente cuando le indiqué que hiciera una serie de preguntas.

Reeding: En esa vida te tomaste las cosas demasiado en serio. Cuando te dejaste llevar descubriste una alegría inmensa.

Tricia: ¿Cuál era mi plan con Bob y Claire en mi vida actual? ¿Por qué creamos ese plan?

Reeding: Tenías que conocer y experimentar el amor incondicional.

Tricia: ¿Por quién iba a sentirlo?

Reeding: Por Bob.

Tricia: ¿Bob accedió a desempeñar ese papel para permitirme conocer el amor incondicional?

Reeding: Sí, por supuesto.

Tricia: ¿Cómo estoy aprendiendo esta lección?

Reeding: Espléndidamente, aunque todavía te tomas a ti misma demasiado en serio. No tengas miedo de retroceder.

Tricia: ¿Hay otras razones por las que planeé experimentar la traición de Bob?

Reeding: El perdón.

Tricia: En la vida pasada que vi, ¿morí sin haber perdonado del todo a mi primer marido [Bob]?

Reeding: Sí.

Tricia: ¿Qué más puedo hacer para llegar a un punto de perdón total y amor incondicional en mi vida actual?

Reeding: Deja de resistirte a lo que eres. Los celos que sigues sintiendo te hacen sentir culpable. La culpa no te deja aceptar tu verdadero ser, tu naturaleza.

Tricia: ¿Cómo puedo liberarme de los celos y la culpa?

Reeding: Te lo tomas todo muy a pecho. Aprende de Bob, que era un maestro en el arte de gozar la vida. Viniste aquí [a la Tierra] con un corazón juguetón. Viniste a disfrutar. A ser feliz. Te permitiste creer que eso no estaba bien. Que ese no era tu verdadero yo. Este es un comportamiento aprendido.

Tricia: ¿Cómo puedo desaprenderlo?

Reeding: Acuérdate de cómo jugabas. Recuerda quién eras de niña. Bob vino a enseñarte eso. Era un maestro del juego. Recuerda lo divertido que es jugar.

Tricia: Quiero saber si Bob está bien, si me sigue queriendo allá donde esté, si es feliz y si me ama como cuando estaba aquí.

Reeding: Está muy bien... y te adora.

Tricia: ¿Cuándo lo veré? ¿Lo estoy haciendo bien en esta vida para prepararme para estar con él?

Reeding: Bob quiere que disfrutes de la vida y que la vivas al máximo. Lo verás de nuevo. Estarás con él. Y, claro que sí, él también lo quiere.

Con esto Tricia me señaló que la charla con Reeding había llegado a su fin. Comencé el proceso de sacarla del trance:

—Pedimos que se liberen y anulen todos los votos y promesas ligados a la vida pasada que acabamos de examinar y que ya no sirven.

»Tricia, deseo que lleves a tu memoria consciente todo lo que has visto y experimentado. Todos los pensamientos, sentimientos y conocimientos que has adquirido hoy seguirán siendo útiles y te darán poder en tu vida actual, tanto consciente como inconsciente-mente. Ahora obtendrás una sensación renovada de energía y pro-pósito. Deja que este conocimiento omnisciente se asiente poco a poco dentro de tu mente consciente en la perspectiva adecuada.

»Mientras cuento lentamente del uno al diez, me gustaría que hoy volvieras a la sala con los ojos abiertos, sintiéndote despier-ta y alerta y capaz de seguir asimilando esta vivencia. La sanación, la comprensión y el buen trabajo que has realizado hoy quedarán grabados en tu mente superconsciente y se reflejarán en tus elec-ciones, en tus acciones y en el concepto que tengas de ti a partir de ahora.

A continuación conté pausadamente del uno al diez, aumen-tando el volumen y la firmeza de mi voz con cada número.

—Tricia, tómate un momento para estirarte, orientarte y co-nectarte a tierra. Cuando estés lista para hablar de la experiencia, avísame.

Permanecimos sentados en silencio durante unos instantes.

—¡Dios mío! —exclamó de repente—. Ha sido muy emotivo y liberador. Me siento mucho más ligera —dijo riendo—. Y me sor-prendió tanto la mujer que miraba en el espejo... ¡Cuánto se pare-cía a mí cuando era joven!

Le pregunté qué era lo que más le había aportado la experiencia.

—Lo principal era Bob. En la última parte, cuando hablaba con Reeding, lo sentí con mucha fuerza y muchísimo cariño. Esa fue la parte absoluta y sanadora.

—¿Qué más crees que surgió de esta sesión?

—Cuando reviví la experiencia de que me dejaran plantada, me resultó muy familiar: era la misma rabia y el mismo dolor que sen-tí cuando descubrí que Bob había elegido esa relación con Claire.

Gracias a la planificación prenatal de Tricia con Bob y Clai-re había podido recrear los mismos sentimientos de abandono y traición que no logró sanar en la vida pasada. Como almas, a menudo elegimos revivir una determinada experiencia o emoción para superarla en la vida actual.

—Además —continuó Tricia—, he visto lo dura que soy conmigo. Me he estado, por llamarlo de alguna manera, martirizando. Me fustigo, cuando eso solo sirve para hacerme daño. He visto que Reeding estaba de muy buen humor. No me lo esperaba en absoluto. Me siento como si Dios me hubiera perdonado.

»Siento que me han dado permiso desde las alturas, quizá un permiso que yo misma me he otorgado, para ser feliz.

Regresión del alma entre vidas de Tricia

La regresión del alma a vidas pasadas de Tricia nos había permitido conocer el plan para su vida actual. Para obtener un mayor conocimiento, Tricia y yo hicimos una regresión del alma entre vidas (RAEV). Una RAEV contiene una regresión a vidas pasadas abreviada, pero esa parte de la RAEV de Tricia no es relevante para el tema de la infidelidad, por lo que se ha omitido aquí.

Después de guiarla a través de los primeros pasos de la regresión, me describió lo que experimentó cuando su consciencia regresó a su Hogar espiritual.

—Veo una abertura delante de mí —comenzó—. Es de color azul claro. La atravieso y me encuentro en un espacio abierto. Hay tres seres en una mesa. Están vestidos con una especie de batas translúcidas. Hay una luz que emana de sus cuerpos. Tienen la cabeza cubierta con capuchas.

»Uno de ellos se levanta. Es un hombre. Camina hacia mí. Es muy hermoso: piel radiante y suave, grandes ojos azules. Es humano, sí, pero no parece del todo humano. Se acerca a mí. Me toma de la mano y me mira.

—¿Qué se siente al estar en su presencia?

—Amor puro, muy puro. —Sonaba dichosa.

—Pregúntale si te puedes dirigir a él con un nombre.

—Milton.

—Tricia, me gustaría que le preguntaras a Milton si tiene algún mensaje en particular para ti.

—Solo siento amor. No escucho palabras. Percibo únicamente sentimientos.

—Me gustaría que le preguntaras a Milton si podemos hacerle preguntas a él y a los otros seres que están con él.

—Dice que sí. Me acompaña a la mesa con los demás. Los otros se levantan. Hay sillas blancas alrededor de la mesa. Esta también es blanca. Ahora puedo ver a los otros dos seres. Se parecen mucho a él, solo que uno es mujer y el otro es un hombre. Me dicen sus nombres. La mujer se llama Entera, y el otro es Jonah. Jonah se aleja. No sé por qué. Milton me ofrece una silla. Entera está al otro lado. Ahora nos hemos sentado.

Le dije a Tricia que preguntara si Milton y Entera eran su Consejo de Ancianos.

—Milton dice que son solo una parte del Consejo. Hay otros nueve. Están presentes, pero no los veo. Ahora Milton pone las manos sobre la mesa. Entera pone sus manos sobre las suyas, y mis manos están encima de las suyas. Milton explica que esto nos une para conversar y hace que la conversación sea más clara para que yo pueda entender.

—Tricia, pregunta a Milton, a Entera y al resto de tu Consejo por qué viniste a la Tierra en tu actual vida. ¿Qué esperabas lograr?

—Milton dice que tenía muchas ganas de abordar el abandono, y que eso fue lo que se acordó. ¡Oh! ¡Bob está aquí! ¡Bob está aquí! ¡Bob está aquí! —exclamó emocionada—. Bob viene caminando hacia mí con Jonah. —Comenzó a sollozar en voz baja—. Está vestido igual que ellos. Coloca sus manos sobre las mías y yo sonrío. Se sienta en una silla en el lado opuesto. Está lleno de amor. Hay otros seres que acompañan a Jonah a la mesa. Estoy sobrecogida.

A continuación, pedí a Tricia que preguntara a Bob y al Consejo. Ella me transmitió las respuestas que escuchó.

Bob: Planeamos esta vida juntos. Te dije que sería muy duro para ti, pero quería hacerlo [interpretar ese papel] por ti.

Tricia: Y ellos, ¿por qué están aquí?

Bob: Porque tú has venido. Ellos me ayudan a explicar. Me ayudan a entender.

Tricia: ¿Cuál era mi plan prenatal contigo?

Bob: Había conflictos que deseaba abordar en esta vida, una debilidad que quería superar. Tú estabas dispuesta a ayudarme. Mi debilidad es ser demasiado complaciente. Quería aprender a ser quien soy de verdad, sin temor. La necesidad de complacer surge del miedo. Acordamos que mi elección [la aventura] ayudaría a tu problema de abandono, que también surge del miedo.

Tricia: ¿De qué manera te ayudé a superar el miedo que te hacía tratar de agradar siempre a todo el mundo?

Bob: Anteriormente había elegido vidas en las que otros, sobre todo mujeres, me dominaban. Además, tuve una vida como mujer anulada por su entorno. Mi alma estaba marcada por esas vivencias. En nuestro plan tú no me dominarías. Serías cariñosa y comprensiva. Esto me permitiría ver quién soy realmente.

Tricia: ¿Crees que eso se cumplió?

Bob: Claro que sí. Te estoy muy agradecido.

Tricia: ¿Claire, tú y yo planeamos la aventura para darme la oportunidad de aprender a superar el abandono?

Bob: Sí. Claire es extraordinariamente bondadosa y fue esa bondad lo que le hizo formar parte del acuerdo. En la planificación, insististe en que serías capaz de perdonar. Tú, el Consejo y yo esperábamos que se produjera un vínculo inmediato y que la sanación ocurriera mucho antes de lo que ocurrió. Confiaba en que me sinceraría inmediatamente [sobre el asunto] y que sanaríamos en ese momento. No ocurrió. Fui demasiado débil, y eso se prolongó.

Entera: Hubo una intervención del alma. Era el momento de que Bob regresara a casa. Se utilizó la enfermedad para llevarlo a una consciencia que no podría alcanzar de otra manera.

Bob: Por eso abandoné esta vida. La enfermedad me permitió finalmente superar la debilidad y el miedo.

Tricia: ¿Cree el Consejo que he aprendido lo suficiente sobre el abandono y la traición y que he llegado a perdonarlos? ¿Hay algo más que deba hacer?

—Milton me está reconfortando —me dijo Tricia—. Siento una oleada de amor por parte de todos ellos.

Milton: Te amamos inmensamente. Nadie te juzga. Todo lo que has hecho y lo que harás corresponde a un designio divino, es aceptado y jamás es un error.

Tricia: ¿Cómo puedo liberar la culpa que todavía siento por la forma en que reaccioné, la ira que sigo sintiendo contra mí misma [por reaccionar así] y los celos que aún siento hacia Claire?

Entera: La personalidad es necesaria como catalizador para el crecimiento [del alma]. Saberlo te ayudará a liberar la culpa y los celos, que nacen del miedo.

—Ahora me está mostrando al resto del Consejo para hacerme ver el regalo que supone estar aquí.

Entera: En la vida eres más que la personalidad, pero debemos respetar, admirar y alentar la personalidad porque para eso encarnamos: para ser humanos y tener emociones, para sentir. Esto es lo que te permite crecer y es un regalo para tu alma. Ese es el propósito de vuestras vidas. Hay que celebrarlo, no temerlo ni condenarlo.

—¡Siento tanto amor y aceptación por parte de ellos! Me dicen que estoy haciendo un trabajo maravilloso y que nada de lo que haga es malo. Que no hay elecciones equivocadas y que no perjudiqué a Bob, sino que lo ayudé. Eso es muy valioso para mí.

Tricia: ¿Cómo te sientes [a Bob] acerca de todo lo que pasó? ¿Qué sientes por mí ahora?

—Solo aprieta mi mano. Es como si bromeara conmigo, diciéndome sin hablar algo así como: «Si a estas alturas no sabes lo mucho que te quiero...».

Bob: Tienes que ver el plan como una misión cumplida.

—Se está riendo. Todos sonríen. Es hermoso, muy hermoso.

Tricia: ¿Volveremos a encarnar juntos? ¿Me esperarás para que podamos hacerlo?
Bob: Sí, a ambas preguntas.
Tricia: [al Consejo] ¿Qué más queréis que entienda?

Milton: El valor que tuvisteis Bob y tú para planificar y crear esta vida juntos, una vida con tanto dolor y tanta alegría. El dolor es personal, productivo y subjetivo en una existencia.

Tricia: ¿Qué relación tiene Claire conmigo? ¿Está en mi grupo de almas? ¿He vivido otras vidas con ella?

Un grupo de almas es un conjunto de almas que están aproximadamente en la misma vibración y etapa evolutiva. Los miembros de un grupo de almas se turnan para desempeñar todos los papeles imaginables a lo largo de muchas vidas.

Milton: Sí, Claire está en tu grupo de almas. En una vida estuvo con Bob como su hermana gemela. Tú no estabas en esa vida, pero has tenido vidas con ella. En una de ellas fue tu padre.

Tricia: ¿Por qué no tuve una vida completa con Bob? ¿Por qué nos conocimos como lo hicimos? ¿Por qué he sentido mucho más amor por él que por cualquier otra persona en mi vida, casi adoración?

Entera: La reunión se fijó para que Bob pudiera dedicar gran parte de esta vida a enfrentarse a su debilidad y tener otros momentos significativos antes de que os encontrarais. El encuentro se planificó para que ocurriera cuando ocurrió. No habría funcionado igual si os hubierais conocido antes.

El amor viene de una conexión del alma fruto de numerosas vidas compartidas. Tendréis vidas en común que ocurrirán simultáneamente. El amor siempre estará ahí. Nada lo dañará.

Entendí que la referencia de Entera a las vidas simultáneas significaba que Tricia y Bob tendrán yos paralelos juntos en dimensiones paralelas. La referencia a la simultaneidad también me sirvió como confirmación de que Tricia estaba hablando con su Consejo porque la simultaneidad y la no linealidad describen la verdadera naturaleza del cosmos. El tiempo lineal, por el contrario, es una ilusión de la tercera dimensión, una ilusión creada por las limitaciones de los cinco sentidos y del cerebro humano.

Tricia: Te echo de menos, Bob.

Bob: Estoy a tu lado. Siempre. Puedes oírme. No te he dejado. Siempre estaré contigo. Te lo recordaré [que estoy ahí].

Tricia: Gracias, Bob. Me has dado una vida que ni siquiera podía imaginar. Gracias por todo tu amor, tu devoción y tu naturaleza dulce. Muchas, muchas gracias por todo. Quiero que sepas que nunca he dejado de quererte. Nunca ha habido un momento en el que no te haya amado. Incluso cuando decía cosas que sabía que te hacían daño, te amaba y trataba de dejar de hacerlo.

Bob: Lo sé.

—¡Está tan lleno de amor! —exclamó Tricia de nuevo—. ¡Hay tantas sonrisas ahora, tanta seguridad! Creo que no hay nada que pueda decir que él no sepa ya. ¡Estoy deseando volver a abrazarlo!

Bob: Lo recuerdo todo. Recuerdo cómo nos abrazábamos y decíamos que era como estar en el cielo. Vivo dentro de tu corazón.

—¡Siento tantísimo amor y aceptación! Ahora Bob se levanta.

Bob: Me iré, pero nunca me he ido realmente.

—Me aprieta la mano y se va.

Milton: Tu plan previo al nacimiento se ha cumplido.

Entera: Pero tu vida ha de dar más de sí, y tú tienes más que dar. Dentro de tu plan había una esperanza de que dejaras de dudar de ti y llegaras a un punto en que creyeras. Eso es [el propósito de] la continuación de tu existencia como Tricia. Ahora, solo tienes que creer.

Tricia: Cuando dices que puedo dar más, ¿a qué te refieres?

Entera: A que expreses lo que has aprendido a través de la compasión y la escucha, a que expreses tu conocimiento sin miedo.

Tricia: ¿Cómo puedo pasar de dudar a creer en mí misma?

Milton: Cuando escribes, no dejas de corregir tus palabras.

—Me muestra una imagen de cuando escribo. Lo cambio todo una y otra vez.

Milton: Deja de corregirte [en la vida]. Cree en lo que dices.

Tricia: ¿Debo actuar de alguna manera o simplemente dejar que la vida fluya?

Entera: La vida funciona mejor si fluye. Deja que la vida venga a ti. No hace falta hacer nada para vivir.

Tricia: Mi cuerpo está envejeciendo. ¿Hay algo que deba hacer para prolongar mi vida o para que mi cuerpo esté más sano?

Entera: El cuerpo sigue a la conciencia. El cuerpo sigue a la alegría o al miedo. Sigue la alegría y el cuerpo te seguirá.

Tricia: ¿De dónde viene mi desorden alimentario? ¿Cuál es la mejor manera de afrontarlo?

Milton: Viene de sentirte hambrienta de atención, hambrienta de significado y temerosa de no ser aceptada.

Entera: La comida es un placer, pero no puede llenar el alma.

—Me está mostrando la música, la meditación y la aceptación de mí misma sin miedo.

Tricia: ¿Por qué solo veo a tres de vosotros cuando sé que hay nueve más?

Milton y
Entera: Somos tus guías para este viaje. No es necesario que veas al resto. Están aquí y puedes sentirlos a ellos y su amor.

Le pregunté a Tricia si ahora se sentía satisfecha de su conversación con el Consejo o si quería añadir algo más.

—Estoy satisfecha, solo quiero expresar mi gratitud por su ayuda y su extraordinario amor y aceptación hacia mí. Ojalá tuviera palabras para ello, pero sé que pueden sentir mi profundo agradecimiento por haberme traído a Bob. Estoy muy agradecida por la oportunidad de verlo tan radiante y sentir su cercanía de nuevo. Gracias. Gracias.

Me conmovió la pasión con la que hablaba Tricia.

La guie a que volviera a concentrarse en su cuerpo físico, haciéndola regresar de forma gradual y con suavidad.

—¡Vaya! —dijo de repente al abrir los ojos—. Ni siquiera sabía que tenía lágrimas; ahora me corren por las mejillas.

—Tricia, ¿qué partes de la experiencia te llamaron la atención?

—Bob —contestó sin dudar—, estoy asombrada. No creí que lo vería allí, y no esperaba que tuviera ese aspecto ni sentirlo como lo sentí. Era la mejor parte de él que siempre he sentido y conocido, pero cuando vives la vida, también sientes muchas otras partes. Es asombroso. Y la sensación de sus manos sobre las mías: todo el tiempo sentía en las manos un cosquilleo. Era como un pulso eléctrico. Y los rostros de esos maravillosos seres, casi extraterrestres, hermosos, etéreos...

»También me vino muy bien darme cuenta, y no quiero olvidarlo, de que Claire es querida por todo el grupo de almas, y no verla como esa invasora en una vida que era buena hasta que ella llegó, sino más bien como una catalizadora, una amiga.

»Esta experiencia me ha elevado. Estoy aquí, flotando en una burbuja de gratitud. Y sale de mi corazón.

Sesión de Tricia con Corbie

Para ampliar lo que habíamos aprendido en sus regresiones, Tricia y yo celebramos una sesión con la médium Corbie Mitleid, que tiene un don especial para canalizar el alma de las personas (el Yo Superior). Dado que un alma está formada por todas las personalidades que ha creado, a veces se refiere a sí misma como «nosotros» cuando habla a través de Corbie. Tanto Tricia como yo estábamos entusiasmados por ver lo que nos contaba el Espíritu.

—Madre/Padre Dios —comenzó Corbie—, gracias por darme la oportunidad de ser útil hoy. Rodéanos con tu luz incondicional de amor, protección, sabiduría, compasión, servicio y verdad. Que solo se exprese la verdad. Que solo se escuche la verdad. Permíteme ser un espejo diáfano para llevar a Tricia, Bob, Claire y Rob la información que buscan. Que mi cabeza, mis manos y mi corazón estén siempre a vuestro servicio. Así lo hago en el nombre de Cristo. Amén.

—Estoy viendo a tres almas luminiscentes apartar unas sillas y sentarse alrededor de una mesa circular —anunció Corbie—. Han venido específicamente para hablar con nosotros hoy.

—Quiero empezar dando las gracias a los tres seres que se han unido a nosotros —dije—. ¿Estamos hablando con las almas de Tricia, Bob y Claire?

—Hemos acordado tomarnos de las manos con fe y compasión para que este trabajo os sirva —fue la respuesta, que tomé como un sí. Como siempre que Corbie canaliza, su voz se había vuelto repentinamente más ronca, y su forma de hablar más lenta y reflexiva—. Estamos aquí y nos alegra que se nos pregunte.

—Me gustaría preguntarle al Yo Superior de Tricia —continué—, ¿planeaste antes de que Tricia naciera que entablara una relación íntima con Bob y que este tuviera una aventura amorosa con Claire? Si es así, ¿por qué?

—Te habla el Yo Superior de Tricia. Bob y yo acordamos que nuestro vínculo era lo suficientemente fuerte como para permitir esta incursión en esta vida.

»Nos conocemos bien los tres. No era un extraño irrumpiendo en nuestra vida sin ser invitado. Se trataba de un servicio. De amor. Los tres nos amamos, y por eso la mezcla de vidas siempre es sanadora cuando la ves desde fuera del tiempo. Es como si terminaras otro capítulo de un libro que te encanta. Esta vida era un capítulo, nada más.

»Vosotros [los humanos] creéis que no hay suficiente amor para todos —añadió el Yo Superior de Tricia—. Cuando alguien tiene una relación amorosa con otra persona, enseguida pensáis: «No me quiere lo suficiente. No valgo lo suficiente». Esto es difícil entenderlo cuando vivimos en el cuerpo rodeados de reglas y ruido, pero lo cierto es que ningún alma mira a otra y le dice: «No debes tener un congreso celestial con esa otra alma». Sabemos que somos infinitos. ¿Por qué íbamos a ponernos límites? Es algo que nos gustaría que entendiera el ser humano.

—¿Quiere decir eso que está bien que quien quiera tener una aventura la tenga? —pregunté. Y no lo hice en señal de desaprobación o de desafío, sino simplemente para aclararlo.

—Dices «está bien» como si nos tuvieran que dar permiso. ¿Has de aprender dentro de las nociones del mundo en el que elegiste reencarnarte? Tal vez no. Si uno está lo suficientemente conectado a Todo Lo Que Es, esa regla [la monogamia] no tiene por qué seguirse a rajatabla. «Tener una aventura», como dices, solo supone una complicación cuando superar los límites de la dualidad podría desencadenar otras lecciones. En esto, las lecciones de Tricia son el perdón y la comprensión del amor que alcanza a las tres almas. El perdón tal vez no sea solamente para Bob o Claire, ya que la personalidad de Tricia podría desear aprender a perdonarse a sí misma por los celos, la ira o el dolor.

»Todo ello es un matiz de la dualidad que aleja al alma del amor incondicional. El amor incondicional es justamente eso: no hay ninguna condición que aleje los sentimientos de amor y aceptación entre las tres almas. Cuando estamos en el cuerpo, eso es lo que todos esperamos conseguir algún día. No es más que un paso en el camino.

—Has mencionado que Tricia está aprendiendo lecciones sobre el perdón y el amor —dije—. ¿Cómo crees que le ha ido en esta vida con respecto al aprendizaje de esas lecciones?

—Ante esa pregunta la visión es la siguiente: el barco podría estar en aguas turbulentas y tal vez le lleguen salpicaduras al rostro, pero ella es fuerte.

»Emprenderá el viaje hacia la paz. Le hemos dado profundidad, visión y tenacidad. Estas herramientas la ayudarán a curarse de cualquier aparente traición.

Con esto, Tricia entró en la conversación.

—¿Por qué sigo en esta vida? —preguntó a su Yo Superior. Su tono transmitía interés genuino, no resistencia—. ¿Y qué tengo que dar en el resto de mi vida?

—Querida, todas las lecciones que consigas aprender antes de volver a unirte a nosotros podrías repartirlas a los demás como si fueran semillas de flores silvestres. Quizá conozcas a alguien cuya situación sea como la tuya, pero que siga enfurecido. Que continúe despotricando contra Dios. Que siga odiando a aquellos que considera que le han traicionado. Llevamos muchas existencias trabajando en esto, y aunque no las recuerdes, te ha sido otorgado su aprendizaje. Además, hasta que tengas los dos pies en la tumba, el amor puede volver a llamar y puedes elegir vivirlo. Hay más lecciones aparte de la principal.

—Cuando reaccionaba con rabia hacia Bob —replicó Tricia—, él estaba tan arrepentido que se excedía adorándome de una manera que nunca había hecho. Le dije que eso era su sentimiento de culpa. Él juró que acababa de verme por primera vez y que se trataba de un amor que no tenía nada que ver con la culpabilidad. Siempre me he preguntado si esto era cierto.

Mientras Tricia hablaba, oí en su voz su profundo anhelo por Bob.

—La adoración era sincera —afirmó el alma de Bob—. No había falsedad en lo mucho que te amaba. Habrías tenido la misma profundización si hubieras aceptado a Claire y los tres os hubierais unido, aunque en tu tiempo y espacio eso puede ser difícil. Como a la humanidad se le enseña la escasez, no crees que tres puedan compartir; deben ser dos. Si son tres, alguien saldrá perdiendo.

—Rob —dijo Corbie, y su voz de repente volvió a su tono habitual—. Ahora el alma de Bob viene con una visión. Veo pies que caminan sobre la arena mojada. Cuando Bob regresó a casa por primera vez, encontró consuelo caminando por playas solitarias que él mismo creó, escuchando en silencio el oleaje y dejando que lo arrullara. Ahora su alma hablará.

—Del mismo modo en que se borran las huellas de sus pisadas, que cualquier daño sea borrado de Tricia —dijo el alma de Bob (Corbie había vuelto a hablar más despacio).

»Esperamos que, a medida que seamos arrastrados por el camino, haya una oportunidad de encontrar el amor incondicional como tres adultos que se aman. El amor no tiene por qué consistir en sexo. El amor puede ser: «Yo soy tú» o «Mi esperanza y mi deseo es que tu vida sea feliz. Déjame formar parte de ella».

A continuación, le pedí al alma de Bob que se dirigiera a quienes hayan tenido una aventura y sientan remordimientos, arrepentimiento o se juzguen a sí mismos.

—El perdón es una potente medicina no solo para el que es perdonado sino también para el que perdona —nos dijo su alma—. El perdón es como la ola que borra las huellas en la arena. A todos los que están leyendo esto: lo más importante no es golpearse el pecho, rasgarse las vestiduras o herirse para sangrar y sufrir. Es perdonar y amar de verdad. Convertid vuestro arrepentimiento y remordimiento en una promesa a vosotros mismos de que el amor será incondicional durante el resto de vuestra existencia sin importar las circunstancias. Eso os incluirá a vosotros mismos. Amarse a uno mismo después de lo que se percibe como una transgresión no significa que esta no sea perturbadora para la personalidad. Significa que tu humanidad, los «fallos» en tu comportamiento que se requieren para aprender en la escuela de la Tierra, son aceptados, las lecciones aprendidas. Los «fallos» se sienten, pero luego, como el libro de texto que has terminado de estudiar, se puede cerrar.

—Tricia —dije—. ¿Qué más quieres preguntar?

—Me gustaría preguntarle al Yo Superior de Claire si entiende que estoy agradecida por el aprendizaje que ha supuesto esta experiencia y que hay perdón en mi interior. He sentido la hermandad entre nosotras, pero no he podido hablarle de ello porque no la veo. Quiero asegurarme de que al menos su Yo Superior sea consciente de ello y pueda hacérselo llegar.

—No temas —aseguró el alma de Claire—. Todo el amor, toda la ternura, toda la compasión que desees transmitir a la personalidad de Claire le llega a través de nosotros, y aunque ella no pueda aceptarlo de ti directamente, esta vía indirecta es igual de válida. Ayudará a curar a esa personalidad de su propia angustia, ya que parte de esa personalidad aún no se ha reconciliado con la persona que falleció. Es de esperar que la personalidad de Claire comprenda esto para que pueda tener una relación satisfactoria propia antes de la transición. Tu amor y tu perdón lo hacen más posible porque la abren y la sanan.

A continuación, le pedí al alma de Tricia algunas palabras de sanación para aquellos cuya pareja les ha sido o les está siendo infiel y que se sienten heridos, traicionados o furiosos.

—Lo más difícil —me explicó Tricia— es cuando alguien ve como un fracaso el hecho de que su pareja haya tenido una aventura. Aunque el otro actúe así, no significa eso [que uno haya fracasado]. Significa que quizá no esté viendo la situación en su totalidad. No debes tomar la infidelidad de tu pareja como una señal de que eres menos que alguien. Hay una lección. Puede ser que la lección sea necesaria para los dos miembros de la pareja. Recuerda que ves las cosas desde un punto de vista bidimensional. Nosotros, aquí, entendemos que si una personalidad es la parte dolida, a menudo puede ser que se ofrezca a ser el espejo destrozado que el otro debe mirar, aceptando que fue la mano del otro la que destrozó el cristal. Que uno aprenda o no la lección no depende del que acepta ser el espejo. Solo cuando crees que la acción del otro se debe a que tú lo obligaste a hacerla, se pierde la lección: toda la verdad.

—¿Hay algo más que las almas de Tricia, Bob o Claire quieran contarles a los lectores?

—Este es el Yo Superior de Tricia, hablando por todos nosotros. El amor no se limita a las formas. El amor no está confinado a la creación. Hace mucho, mucho tiempo, aprendiste que todos somos uno. «¿Cómo puede ser eso? —dices—. Yo no amo al otro. ¿Cómo puede la mano izquierda quemar a la derecha?». Esa es la conexión —la conexión del alma— que todos tenemos con los demás. Los tres hemos explorado el amor, el perdón y los límites de muchas vidas y seguiremos haciéndolo. Somos como la hermosa flor que se moldea y reconfigura de año en año. Somos el bulbo que duerme en la tierra en invierno y luego vuelve a florecer. El bulbo tiene una flor, quizás otra al año siguiente. No le dice a la flor de al lado: «Como yo soy un tulipán amarillo y tú un azafrán rosa, algo falla». Somos flores. Todas crecemos en la misma tierra. Todas necesitamos alimento, sol y lluvia, lo que para el alma serían la luz brillante del amor y las lágrimas del perdón.

»Las tres extendemos nuestra gratitud a esas tres valientes encarnaciones que buscaron aprender las lecciones. Somos más grandes por su voluntad de entrar en el mundo de la dualidad y de lo finito para que podamos tener aquí una singularidad infinita. Bendiciones para los tres por su generosidad con nosotros.

૪⟩⟨ઉ

Tricia regresó al Espíritu desde la vida pasada que vio sin haber perdonado a Bob por dejarla. Lo que dejamos sin sanar en el pasado lo pensamos sanar en el futuro. Tricia eligió llevar energéticamente en el cuerpo la energía del rencor, no para expresarla, sino con el propósito de transmutarla.

¿Cómo puede hacer esto? «Deja de resistirte a quien realmente eres», le aconseja su guía espiritual Reeding. Como cada uno de nosotros, Tricia es un ser del amor, hecho por y para el amor.

Cuando entramos en el cuerpo y nos adentramos en el velo del olvido, olvidamos esta verdad eterna. El condicionamiento, que en su mayor parte está en el nivel subconsciente o inconsciente, toma las riendas de nuestra existencia. Nos condicionan para creer que la vida es dura y que requiere mucho esfuerzo. A algunos nos enseñan que la felicidad no es apropiada, cuando en realidad es lo que de verdad somos.

Además, cuando el velo nos ciega y estamos en lo que percibimos como un estado de separación, el ego pasa a primer plano. Y nos dice que debemos defendernos de aquellos que nos han traicionado. Sin embargo, la defensa requiere que nos centremos en el ataque y, por lo tanto, llama al ataque hacia nosotros. Como nos dice *Un curso de milagros*: «En mi indefensión reside mi seguridad». Porque solo en la completa indefensión no se prevé el ataque y, por lo tanto, no se atrae.

¿Cómo superamos el condicionamiento y el ego? «Acuérdate de cómo jugabas —le dice Reeding a Tricia—. Recuerda quién eras de niña. Bob vino a enseñarte eso. Era un maestro del juego. Recuerda lo divertido que es jugar». Qué perfecto, entonces, que Bob, la «causa» del rencor en la vida pasada y de la rabia en la vida presente, sea él mismo una fuente de su curación. El amor de Bob por Tricia era tan grande que accedió a proporcionarle no solo la oportunidad de aprender a perdonar, sino también un camino hacia ese destino. Cuando planificamos nuestros mayores desafíos antes de nacer, nos regalamos —y otros nos regalan— lo que necesitaremos para superarlos.

El plan de vivir la infidelidad en su matrimonio tenía como finalidad beneficiar tanto a Bob como a Tricia. Ambos vieron en esta experiencia la oportunidad y la motivación para pasar del miedo al amor. Tricia pasó del miedo al abandono al perdón y la gratitud; del mismo modo, Bob pasó del miedo a no complacer a los demás a un mayor sentido de autosuficiencia. A menudo, la mejor manera de resolver los miedos es «besarlos en la nariz», y Bob planeó hacer precisamente eso cuando aceptó la aventura extramatrimonial en su planificación previa al nacimiento. Sabía que esta aventura probablemente enfurecería a Tricia. Para un hombre siempre ansioso por complacer a los demás, era un acto de valentía. Bob fue capaz de reunir semejante valor solo porque detrás de él estaba su eterno gran amor por Tricia.

Del mismo modo en que Bob aceptó la infidelidad como un acto de amor y servicio a Tricia, Claire también lo hizo. Claire es uno de los miembros de su grupo de almas, un colectivo de almas que se encuentran más o menos en la misma vibración o etapa de evolución. Por amor, los miembros de un grupo de almas se turnan para desempeñar todos los papeles imaginables con y para los demás: padre e hijo, hermano y hermana, mejores amigos e incluso enemigos mortales. En el nivel del alma no se juzga ningún papel; más bien, el alma ve todos los papeles como oportunidades de expansión, curación, servicio y cultivo de la sabiduría y las virtudes. En el plano terrestre, muy pocas cosas son como parecen: nuestros mayores atormentadores en el plano físico suelen ser aquellos de nuestro grupo del alma con los que compartimos el amor más fuerte, la historia más larga y la mayor confianza. Tricia sabía antes de nacer que el papel de la traición lo desempeñan mejor aquellos en los que más se confía.

Una vez concluida su curación, Tricia puede estar al servicio de Claire. Como nos dijo el alma de Claire, todo el amor, la ternura y la compasión que Tricia desea dar a Claire puede transmitírselos a través de su alma. En el reino físico, debido a las limitaciones de los cinco sentidos, parecemos seres separados en cuerpos distintos. En realidad, todas las mentes están unidas y cada uno de nosotros es una célula en el cuerpo de un solo Ser Divino. El perdón que Tricia ha cultivado es sentido y conocido por Claire a niveles por debajo de la conciencia consciente. El amor que Tricia le envía la ayuda a sanar de la muerte de Bob e incluso hace más probable otra relación amorosa y romántica.

¿Qué hacer, entonces, con el conocimiento de que la infidelidad se planifica antes del nacimiento? Ser consciente de la planificación prenatal no debe utilizarse como una excusa espiritual. Las heridas se curan a medida que se permiten y se sienten las emociones, preferiblemente sin resistencia ni juicio. Si sientes que te han traicionado, debes saber esto: cualquier ira o rabia que sientas es válida. Siéntela profunda y libremente durante el tiempo que necesites sentirla. Deja que la comprensión de los planes de vida permanezca callada en tu mente y en tu corazón; estará ahí para ti cuando estés preparado.

En el plano terrestre, los seres humanos estamos inmersos en un proceso de purificación o clarificación: somos una mezcla de luz y oscuridad, de amor y miedo, buscando siempre liberar la oscuridad y el miedo y avanzar hacia la luz y el amor. Esta alquimia adopta innumerables formas, de las cuales solo una es la infidelidad. Sin embargo, el contenido de cada forma es el mismo: el aprendizaje de cómo dar y recibir mejor el amor. Este es el criterio de nuestros planes de vida.

Capítulo 2

⊂⊃

Impotencia

La impotencia y otras formas de disfunción sexual son comunes tanto en hombres como en mujeres. Los estudios demuestran que, a los cuarenta años, el cinco por ciento de los hombres experimentan una disfunción eréctil completa. A los setenta años, esta cifra aumenta hasta el quince por ciento. La disfunción eréctil leve y moderada afecta aproximadamente al diez por ciento de los hombres por década de vida (es decir, el cincuenta por ciento de los hombres de cincuenta años y el sesenta por ciento de los hombres de sesenta años). Entre las mujeres premenopáusicas, el cuarenta y uno por ciento experimenta algún tipo de disfunción sexual.

Los efectos son problemáticos en el mejor de los casos y devastadores en el peor. Quienes sufren impotencia suelen sentirse deficientes. Con frecuencia, sienten vergüenza y culpa por «defraudar a su pareja». La tensión puede romper una relación. Como es natural, la gente se pregunta por qué ocurre esto, qué significa y cómo puede curarse y seguir adelante.

Para entender si la impotencia se planifica antes del nacimiento, hablé con Andrew, que tuvo el valor de compartir sus experiencias conmigo.

Andrew

En el momento de nuestra conversación, Andrew tenía treinta y seis años y vivía en Belfast, Irlanda del Norte. Trabajaba en una organización benéfica para personas sin hogar y dirigía el centro de acogida para refugiados y solicitantes de asilo.

—Cuando tenía unos veintiséis años —comenzó diciendo—, empecé a perder rápidamente el pelo. Esto afectó mucho a mi confianza, mi autoestima y mi capacidad para entablar relaciones con las chicas. Así que me puse en contacto con un especialista. Me explicó que debía tomar un medicamento con receta durante varios meses. Así se frenaría la caída del cabello, y luego existiría la posibilidad de hacerme un trasplante capilar. Recuerdo que le dije específicamente que había oído que esa medicación podía afectar a la libido. Su respuesta fue: «Eso es en un porcentaje muy pequeño, y como eres tan joven, es muy poco probable que ocurra. Incluso si ocurre, tu libido volverá a la normalidad en un mes si dejas de tomarlo». Aun así, me preocupé, pero empecé a tomar las pastillas. A los cinco días de aquello me di cuenta de que había afectado a mi libido y a mi capacidad de erección.

—Andrew, ¿qué fue exactamente lo que experimentaste?

—La ausencia de impulso sexual y la incapacidad total de conseguir cualquier tipo de erección —respondió—. Fue como una sentencia de muerte, como ver que todo mi sueño y mi futuro se desintegraban ante mí: sin esposa, sin hijos. Recuerdo que me quedé sentado, con las lágrimas a flor de piel y pensando en el suicidio. Encontré muchos foros en Internet donde había gente que había hecho lo mismo que yo, y cinco y diez años después decían que seguían siendo totalmente impotentes. Eso fue devastador.

A partir de ese momento, las cosas se pusieron aún más difíciles para Andrew. Su jefe sufrió un revés financiero y decidió que ya no podía permitirse mantenerlo en plantilla. En su vida personal,

sus problemas sexuales le hicieron poner fin a una nueva y prome-
tedora relación con una mujer con la que había estado muy ilu-
sionado.

—Parecía que mi vida había terminado —dijo con tristeza—. Me
sumí en una profunda y oscura depresión.

Andrew se mudó a casa de sus padres. Durante un año, más
o menos, apenas salió a la calle. Perdió el contacto con sus amigos
y le asaltaron pensamientos suicidas. De nada le sirvieron los psi-
quiatras, los antidepresivos y los somníferos. Entonces comenzó a
surgir una nueva perspectiva.

—Llegué a un punto en el que me di cuenta de que no me iba a
suicidar, así que más me valía intentar hacer algo con mi vida.

Empezó a leer vorazmente sobre espiritualidad. Hizo cursos
de sanación. Se ofreció como voluntario en el centro de refugiados
y seis meses después fue contratado para dirigirlo. Su trabajo allí
provocó cambios aún mayores en su punto de vista.

—El centro es para inmigrantes indigentes —explicó—. Allí vi a
gente que había renunciado totalmente a sí misma y a la vida, que
es lo que había hecho yo. Están aquí solos. Debido a sus problemas
lingüísticos no encuentran trabajo, por lo que acaban recurriendo
al alcohol y están en la calle. Me di cuenta de lo afortunado que era.
Tenía un techo sobre mi cabeza y una familia que me quería. Mientras ayudaba a los inmigrantes, me ayudaba a mí mismo. Cuanto
más conseguía ayudar, más se transformaba mi vida.

Pasaron un par de años. Andrew conoció entonces a Sarah,
una canadiense que estudiaba en Belfast. Sintió que era la mujer
de sus sueños.

—Era todo lo que siempre había querido en una mujer y más
—recuerda—. Era inspiradora, creativa y bella. Conectábamos a todos los niveles. Pero tenía esa sensación de «¿qué puedo hacer
con esto?». No me sentía lo suficientemente seguro como para

decírselo. No pude entablar una relación con ella por esta razón. Ahora está casada con otra persona —dijo en voz baja.

Desde entonces, Andrew ha descubierto que puede mantener relaciones sexuales si toma Viagra, y ahora es más optimista en cuanto a encontrar una pareja. También cree que su sufrimiento lo ha hecho crecer enormemente.

—Gracias al sufrimiento por el que he pasado soy capaz de sentarme con los refugiados, los solicitantes de asilo y las personas sin hogar, estar presente con ellos, reconocer su dolor, entender quiénes son y su experiencia —me dijo.

Cuando Andrew accedió por primera vez a hablar conmigo para este libro, me dijo que creía que la experiencia con la medicación y la consiguiente baja libido e impotencia la había planeado antes de nacer.

—Andrew —le pregunté—, ¿crees que en parte lo planeaste para poder servir a los refugiados?

—Ahora soy de la opinión de que tiene que ser así —respondió, con certeza en su voz—. Siento que está bien y que es auténtico.

Me pareció significativo el uso que hizo Andrew de la palabra *sentir*. Creo que indica que estaba escuchando su intuición, que es una de las formas en que el Espíritu se comunica con nosotros. Los sentimientos son el lenguaje del alma.

Además, sospeché que la intuición de Andrew sobre uno de los propósitos de su experiencia daba en el clavo. Cuando planeamos antes de nacer tener un reto importante en la próxima vida, lo hacemos en parte para cultivar y expresar ciertas cualidades que son importantes para nuestras almas. Andrew había profundizado claramente en la compasión, la empatía y la gratitud, pero desde la perspectiva de su alma no bastaba con cultivar esas cualidades. Su alma también querría tener la experiencia de expresar las virtudes que había desarrollado. Para el alma, esa expresión crea sentimientos de expansión y alegría.

—Esta experiencia ha transformado mi vida —continuó—. He aprendido mucho sobre la vida, sobre mí, el alma, los seres humanos, la conexión y sobre cómo puede surgir algo bueno del sufrimiento. Cuando estaba en una época oscura, recuerdo haber rezado, y me llegó la letra de una canción: «Quiero saber qué es el amor y quiero que me lo enseñes».[*] Todo este proceso me estaba mostrando lo que es el amor. Cuando voy conduciendo al trabajo, envío amor al coche que viene detrás o a la gente que pasa a mi lado. En el trabajo sigo enviando amor. Se trata de dar, dar y dar desde esa fuente inagotable, que es nuestra verdadera naturaleza. Somos amor. Y esto no es algo que me hayan dicho; lo he vivido y lo he comprendido a nivel físico.

—Cuando acabe esta vida, cuando vuelvas al otro lado y te encuentres con el hombre que te dio la medicación que te causó la impotencia, ¿qué le dirás?

Andrew soltó una carcajada.

—Le diré: «¡Gracias! ¡Gracias!». Rob, no hay resentimiento, ni una pizca. Solo hay gratitud: gratitud por haber cambiado mi vida, por haberme hecho emprender un rumbo diferente y por cumplir su papel.

—Andrew, tu historia la leerán personas que quizá estén sufriendo por la impotencia o la baja libido. Tal vez se sientan víctimas de la vida o del universo. Puede que no vean un significado espiritual más profundo o un propósito en ella. ¿Qué les dirías?

—Estuve estancado en eso mucho tiempo —reconoció—. Si piensas en todos los planetas del cosmos y en cómo giran en perfecta sincronía; en cómo el océano, las olas, la luna, el sol y las estrellas

---

[*] N. del T.: *I want to know what love is,* del grupo de pop británico Foreigner.

orbitan perfectamente; en cómo las estaciones van y vienen en perfecto orden; en cómo el sol siempre sale y se pone, y en el hecho mismo de que exhalamos la fuerza vital para los árboles y que lo que los árboles expulsan como desecho es nuestra fuerza vital: todo fluye a la perfección y, sin embargo, en cierto modo pensamos que nuestra vida no forma parte de ese perfecto fluir.

»Si lees sobre las personas que son realmente inspiradoras —continuó—, la mayoría han pasado por un sufrimiento insoportable. Así que hay que estar abierto a la posibilidad de que quizás hayas aceptado pasar por esto por alguna razón superior. En efecto, la razón superior se reduce a una mayor comprensión y expansión de tu verdadera naturaleza, que es el amor. Como decía Wayne Dyer: «A medida que cambia tu forma de mirar las cosas, las cosas que miras cambian».

Le pregunté cómo estaba su libido ahora.

—Ha mejorado —me dijo—. Sin embargo, sigue produciéndome un profundo dolor y sufrimiento. Pero ahora uso este sufrimiento como combustible para el horno, para empujarme e inspirarme a vivir desde el amor.

Regresión del alma entre vidas de Andrew

Mi conversación con Andrew me conmovió e inspiró. Su sufrimiento había sido inmenso, pero lo había utilizado para cultivar una profunda compasión y empatía. A continuación, tomó esas virtudes y las volcó en el servicio a los demás. Parecía muy probable que en parte hubiera planeado la impotencia y la baja libido antes de nacer para tener la motivación y la capacidad de ayudar a los inmigrantes indigentes. Sin embargo, me preguntaba qué otras intenciones habían intervenido en la planificación de Andrew y qué otras cosas quería aprender o hacer. Esperaba que su regresión arrojara luz sobre estas cuestiones.

Lo guie a través de los pasos habituales de relajación física y mental, y luego lo conduje a través de un túnel del que salió a una vida pasada.

—Estoy en las escaleras de mi casa, a punto de salir —comenzó—. Es de día. Hace calor.

—Me gustaría hacerme una idea de cómo vas vestido —le dije—. ¿Qué llevas en los pies, si es que llevas algo?

—Sandalias.

—A medida que vas subiendo por tu cuerpo, ¿qué te cubre las piernas?

—En la parte inferior de las piernas, nada, pero tengo una túnica o capa roja, parece como si estuviera hecha de algún tejido vegetal. Luego, por encima, llevo una armadura dorada. También tengo una espada y hombreras.

—Muy bien —respondí—. Ahora, me gustaría que te miraras de pie frente a un espejo para que puedas ver tu aspecto. Quiero que te mires bien la cara y el pelo y me digas si eres hombre o mujer.

—Hombre —respondió Andrew—, de unos treinta y cinco [años]. Tengo el pelo negro y la cara morena. Es una cara alargada y de mandíbula fuerte.

—¿Tienes alguna expresión en el rostro?

—Estoy enfadado. Muy enfadado.

—Ahora, mira tu piel. ¿De qué color es?

—Una mezcla entre blanca y morena.

—¿Eres pequeño, mediano o grande?

—Grande. Soy fuerte y musculoso.

Le indiqué a Andrew que dejara que el espejo se disolviera y que la escena se desarrollara con naturalidad.

—Tengo una espada —dijo—. Hay gente a mi alrededor que se está poniendo histérica, y me dice que no lo haga. Voy a vengarme de alguien. Voy a casa de mi hermano. Estoy gritando. Nos gritamos y lo mato.

—Mira de cerca la cara de tu hermano —le indiqué—. ¿Reconoces esta alma como alguien que está contigo en tu vida actual?

—Mi hermano mayor, John. Hizo algo para traicionarme, tiene que ver con mentir sobre mi mujer o mi pareja. Lo maté por esa traición. Sabía que una vez que lo hiciera me llevarían a la muerte. Los soldados se apresuran y me llevan.

—Andrew, quiero que confíes en que tu alma y tus guías te están mostrando esta escena por una razón determinada o quizá por varias. ¿Qué es importante que sepas o entiendas sobre ella? Confía en que conoces la respuesta.

—Tiene que ver con la impotencia —explicó—. Que una fuerza ajena a mí me quite el poder, una fuerza que amaba y que me traicionó. Antes de cometer ese acto, pensé que él me había arrebatado mi poder a través de la traición, pero lo cierto es que al buscar la venganza cedí mi poder y me volví impotente.

Le pedí a Andrew que avanzara hacia el siguiente acontecimiento o escena significativos en la misma vida.

—Voy hacia mi muerte —dijo mientras la imagen se enfocaba en su mente—. Estoy caminando entre la multitud. La gente me grita. Entro en un gran patio. Me llevan allí.

—¿Cómo te sientes mientras esto sucede?

—Extraño, en realidad me siento tranquilo. Sé que este no es el verdadero final. También sé... que es casi una danza entre nosotros que tenía que completarse. Me siento satisfecho, aunque sea algo increíblemente espantoso.

—Permite que la escena continúe. ¿Qué pasa después?

—Subo a la horca. Me ponen la soga al cuello. Hay gritos y burlas. Me atan las manos. Estoy de pie y sé que están a punto de patear el taburete. Entonces llega la paz. Ya está hecho.

A continuación, me tomé varios minutos para guiar la consciencia de Andrew fuera del cuerpo en la vida pasada y de vuelta a casa al otro lado.

—¿Qué estás experimentando ahora? —pregunté cuando creí que estaba aquí.

—Siento que me elevan..., una expansión..., acercándome a la luz..., paz...

Andrew hablaba ahora mucho más despacio y había una calma palpable en su voz.

—Continúa subiendo —le indiqué—, más y más alto..., más y más lejos de la Tierra..., más y más hacia la luz. Cuéntame qué está pasando ahora.

—Estoy rodeado y envuelto en una luz increíblemente brillante... ¡Hay tanta luz! —exclamó, ahora repentinamente excitado—. Es una sensación muy natural.

—Andrew, ¿percibes que la propia luz es una consciencia viva o que haya seres dentro de la luz?

—Ahora hay seres frente a mí. Uno en el centro se levanta y camina alrededor de una mesa y viene hacia mí. Es un ser de luz total, por lo que no tiene forma real. Es difícil describirlo. Parece como si tuviera un manto de luz a su alrededor.

—¿Cómo sientes la energía de este ser?

—Es una energía eterna, conocedora, cariñosa, sin prejuicios, conocida.

—Quiero que le agradezcas a este ser que se haya acercado a hablar contigo. Luego pregúntale su nombre y su relación contigo. Dime qué respuesta recibes.

Elar: Soy tu guía espiritual. Mi nombre es Elar [pronunciado i-lar]. Me alegro de que hayas venido. Te esperábamos. Esto es parte de lo que tú también has estado esperando.

A continuación, pedí a Andrew que le hiciera varias preguntas a Elar. Andrew repitió todas sus respuestas:

Andrew: ¿Por qué se me mostró esa vida pasada en particular?

Elar: Se suponía que iba a ser un equilibrio y una armonización de los actos anteriores entre tú y tu hermano. Pero ambos llevasteis un juicio residual al Espíritu y luego lo trajisteis a esta vida [actual] para resolverlo. El residuo era un juicio sobre vosotros mismos. Aunque vuestros actos fueron acordados de antemano, ninguno de los dos se había perdonado ni se aceptaba a sí mismo. Hoy tu impotencia está ligada a esa vida, a ese acto. Creíste que habías abusado de tu poder, así que [por el plan prenatal] no hay manera de abusar del poder en esta vida [actual].

Andrew: ¿Cómo puedo reclamar ahora mi poder?

Elar: Comprende que esto era lo que tenía que pasar. Permite que se libere. Permítete perdonarte.

Andrew: ¿Cómo puedo hacerlo?

Elar: Escribiéndote cartas. Cartas de perdón a ti mismo, cartas con compasión, autoestima y amor propio. Te estás impidiendo aceptar lo que ya eres. Escribir estas cartas te recordará a un nivel subconsciente los acuerdos de esa vida y te llevará a un punto en el que podrás soltarlos por completo y entender el gran esquema en su totalidad: te darás cuenta de que *ambas* partes estabais dispuestas a bailar la danza y representar el papel.

Andrew: ¿Qué más debería escribir en estas cartas?

Elar: Escribe una carta al Yo Superior de tu hermano en la que pidas perdón. Luego permite que ese Yo Superior te escriba a ti. Escribe también una carta perdonando los actos de tu hermano. Luego permite que tu Yo Superior escriba una respuesta a esa carta.

Me fijé en el uso repetido de la palabra *permitir* por parte de Elar. Los pensamientos de la mente egoica son como una interferencia entre dimensiones. Cuando la mente se aquieta en la meditación (o en actividades potencialmente meditativas como los viajes largos en coche por el campo o los paseos en solitario por la naturaleza), esto *permite* que la consciencia inmaterial se comunique con nosotros.

Andrew: ¿Qué más es importante que sepa o entienda sobre la vida pasada?

Elar: El poder. No el poder sobre los demás, sino el poder de hacerles ver a los demás su *propio* poder. No lo hiciste. Esto podría haber acabado de una manera diferente, pero tenías miedo a cantar la canción, que es muy similar al miedo que tienes en esta vida [actual]. Despréndete de él. Ahora es el momento de sacar lo que tienes dentro para ayudar a la gente.

Andrew: ¿Cómo puedo hacerlo?

Elar: El poder está en el dolor. Conecta con él. Escribe desde ahí. Empieza por algo pequeño, simplemente por hablar con la gente. Sé vulnerable y habla de tu miedo. Ahí es donde se produce la verdadera conexión. Es en la vulnerabilidad, en el miedo, donde reside tu poder. Acércate a ellos mediante esa vulnerabilidad. Reúnete con ellos y muéstrales tu miedo porque ellos también lo sienten.

Al intuir que la conversación de Andrew con Elar había finalizado, me pareció que había llegado el momento de que Andrew visitara a su Consejo.

—Andrew —le indiqué—, agradece a Elar todo el amor y la sabiduría que acaba de compartir contigo y dale las gracias también por guiarte a lo largo de tu vida actual. Luego dile que tienes otras preguntas que te gustaría hacer a tu Consejo de Ancianos. Ahora describe lo que ocurre a continuación.

—Es casi como si la mesa se hubiera movido —respondió—. Es como un semicírculo a mi alrededor, pero no demasiado cerca.

—¿Cuántos miembros del Consejo hay? ¿Cómo son?

—Hay doce. Son seres de luz.

—¿Tienen aspecto masculino, femenino o andrógino?

—Andrógino.

—¿Qué sensación te produce su energía?

—Es una energía que todo lo abarca y todo lo sabe —respondió Andrew, con una nota de asombro en su voz—. Amor y aceptación incondicionales. Han estado pendientes de todo lo que he hecho en mi vida. No hay nada que no sepan de mí, pero no me juzgan. Hay mucho amor, aprecio y admiración por ambas partes.

Esta reciprocidad de amor y aprecio es algo de lo que me han hablado muchas veces. Del mismo modo en que amamos y apreciamos de forma natural a los seres muy sabios y altamente evolucionados que supervisan nuestra evolución, ellos también nos aprecian y aman por ese aspecto de la Divinidad que somos en realidad.

Le pedí a Andrew que describiera el escenario.

—Es luz blanca pura y parece una especie de sala, pero es difícil llamarla así porque lo único que hay es esa luz. Siento la presencia de unos seres a la derecha, observándonos. No puedo describirlos, solo sé que están ahí.

Al igual que Andrew, son muchas las personas que afirman haber sido conscientes de que había otros seres observando la reunión del Consejo.

Le pedí que diera las gracias a los miembros del Consejo por estar allí para hablar con él y le pregunté si uno de ellos serviría de portavoz.

—Sí —respondió—, el de la izquierda. —Aquí Andrew se echó a reír—. Este ser es de mayor estatura que Elar, más jovial, desenfadado y optimista. Hay una sensación de diversión y juego entre nosotros y los demás.

—Andrew, pregunta al portavoz del Consejo su nombre.

—Ya me lo han dicho. Por eso me reía, porque el nombre es Iknow.* Todos se ríen, porque dicen: «Conozco a Iknow». Ese es el nombre del ser.

—¿Cómo se deletrea?

—Literalmente, I-k-n-o-w, como lo deletrearíamos nosotros como una palabra. Es como una broma.

Pese a que hay quienes consideran que el Consejo es una institución muy seria, muchos lo experimentan como algo desenfadado y divertido, como es el caso de Andrew. De hecho, uno de los mensajes más frecuentes que la gente recibe del Consejo es que se tomen a sí mismos y a la vida menos en serio y que se diviertan más.

A continuación, pedí a Andrew que le hiciera a Iknow una larga serie de preguntas, empezando por: «¿Qué mensaje tiene hoy el Consejo para mí?».

Iknow: Nos emociona enormemente que hayas venido. Esto es algo que has estado esperando en muchos niveles.

Te damos la enhorabuena por la forma en que has manejado las dificultades de tu vida y te recordamos que fuiste

---

* N. del T.: En inglés *I know* significa 'conozco' o 'sé', de ahí el juego de palabras.

tú quien las eligió. Nos has impresionado, a nosotros y a muchos otros.

El recordatorio de que Andrew se había embarcado voluntariamente en una senda llena de dificultades era importante. Como el velo entre dimensiones hace que casi todos olvidemos el plan anterior al nacimiento, mucha gente cae en la mentalidad de víctima, la frecuencia más baja que puede experimentar un ser humano. El hecho de recordar que fuimos nosotros quienes elegimos las experiencias duras nos saca de esa vibración y nos capacita para aprender de una manera mucho más consciente y menos dolorosa.

Andrew: ¿Hay algo más que el Consejo quiera que sepa sobre la vida pasada?

Iknow: Había una posibilidad de trascendencia en esa vida, de superar todo lo que ocurrió, de pasar al amor, que habría hecho que se trascendieran los actos de tu hermano. Habría sido como hacer borrón y cuenta nueva.

Eso es posible en todas las vidas. La manera de hacerlo es elegir siempre el amor. Pase lo que pase, elige siempre el amor. Siempre, sin importar lo que haya sucedido.

A menudo, la puerta hacia el amor y la trascendencia pasa por el miedo, el miedo a la vulnerabilidad, al aislamiento y al rechazo. Al otro lado de esa puerta del miedo se encuentra el amor: un amor inmenso, incondicional, infinito, que no juzga y permanece inalterable. Reúnete con la gente junto a esa puerta para que puedan encontrarte en su miedo. Háblales de ese temor, de su vulnerabilidad, de su falta de amor, de su sensación de no saber, de no ser lo suficientemente bueno, de esa idea de «¿quién soy yo para ponerme delante de ti y decir esto?».

Allí te encontrarán. Allí encontrarán el amor.

Tanto si lo haces delante de uno como de mil, es lo mismo.

Andrew: ¿Cuál es mi verdadero yo?

Iknow: Tu verdadero yo es el amor. No te preocupes por olvidarlo; eso significa que habrá otro hermoso recuerdo.

Andrew: ¿Por qué no he encontrado todavía a mi alma gemela?

Iknow: Conoces una canción que dice: «Ven a mí. Ven a mí, apasionado y libre». [La conocerás] cuando estés preparado para acercarte a ella, apasionado y libre. Siente tu pasión y abraza tu miedo. Abraza tus inseguridades, tu falta de amor propio, no para cambiarlas o deshacerte de ellas, sino sabiendo que eso es lo que te hace humano, porque casi todos los humanos que han caminado sobre la faz de la Tierra las han tenido de una forma u otra.

Sé apasionado, abierto y libre. Vive desde ese yo libre. Sucederá. No necesitas saber cuándo o cómo. Sucederá.

Andrew: Me gustaría preguntar por Sarah. Nunca conecté con otra mujer como lo hice con ella. ¿Qué puedes decirme sobre Sarah?

Iknow: Se supone que nunca ibais a estar juntos [a largo plazo]. En el fondo sabes que es así; de lo contrario, te habrías esforzado al máximo por ella en lugar de contenerte y dejar que el Universo decidiera. Debes saber que lo que había que hacer se hizo a la perfección. Amén.

Andrew: ¿Qué es un alma gemela?

Iknow: Podríamos decir que un alma gemela es la otra cara de la misma moneda: la capacidad de mirar hacia el lado opuesto, pero estar siempre unidos como uno. En cierto modo es la unión de vuelta a la Fuente [Dios] que [en realidad] nunca abandonaste. Es la armonización, la alineación perfecta. Es la belleza de ti en el otro y del otro en ti. Es la unión.

Andrew: ¿Cómo reconoceré a mi alma gemela cuando la encuentre?

Iknow: Lo sabrás sin ninguna duda, tal y como estás sintiendo en tu cuerpo ahora. Sientes la resonancia de nuestras palabras, nuestro mensaje, nuestro abrazo, nuestro amor. No habrá manera de negarlo. Será la presencia, el encuentro, la mirada, la conexión, la unión.

Pregúntale a Iknow, ¿lo sabe él? Por supuesto que lo sabe.

Andrew: ¿Por qué tomé la medicación? ¿Fue parte de mi plan previo al nacimiento que afectara a mi pene y a mi libido? ¿Cómo puedo solucionarlo?

Iknow: Sí, se decidió antes del nacimiento. Parte de la razón es lo que has descubierto de la vida anterior. Después de quitarle la vida a tu hermano, justo antes de tu muerte, el desempoderamiento, la impotencia, en cierto modo lo que hiciste te lo hiciste a ti mismo.

Pero tiene más que ver con la llamada superior para esta vida [actual]: despertar a tu verdadera esencia, reclamar tu poder, porque en última instancia todo el poder es tuyo. Tú eres el poder, y esta es la vida para reclamar el poder.

Ahora estás en el precipicio de aquello para lo que viniste a esta vida. Todo te ha llevado a este punto, y todo —el pasado, la oscuridad, la medicación y todo lo demás— fue con la intención de llegar a este punto. Ahora estás donde esperabas estar antes de respirar por primera vez.

Es tan hermoso... ¡Si tan solo pudieras conocerlo! ¡Si pudieras verlo! Te alabamos por ello.

Andrew: Si mis intenciones eran sanar la entrega de mi poder en la vida pasada y reclamar mi poder en la vida actual, ¿por qué planear experiencias de impotencia y baja libido?

¿Por qué no simplemente planificar ser una persona muy poderosa?

Iknow: Por el miedo a que si fueras una persona muy poderosa, acabaras abusando de ese poder, que era tu creencia errónea en la vida pasada y en la realidad de las vidas anteriores. Además, si uno llega a este mundo o se pasa toda la vida como una persona con poder, surge la desconexión, la incomprensión y la falta de empatía con ese rasgo tan humano del miedo, con la sensación de no poder dar un paso más y con el abismo de la desesperanza. Si no has recorrido ese camino, ¿cómo podrás acercarte a alguien que haya vivido todo eso? No puedes quedarte en esa puerta, mantenerla abierta y ser el portero para que otros la atraviesen.

Has accedido a esta vida [actual] para comprender de verdad lo que es ser todo lo contrario a tu verdadero yo. Entonces, al regresar, puedes llevar a otros contigo. Puedes bajar al infierno y caminar con ellos de la mano.

Aquí Iknow había descrito bellamente el plan de vida de un trabajador de la luz. Un trabajador de la luz busca experimentar de primera mano aquello que quería cambiar antes de nacer. El cambio verdaderamente poderoso —el cambio transformador— solo puede realizarse *desde el interior de la vibración* que se pretende modificar. He aquí la gran paradoja del plan de Andrew antes de nacer: solo volviéndose primero impotente podría llegar a ser verdaderamente poderoso. El suyo era un plan clásico de aprendizaje a través de los opuestos, en el que el contraste entre la impotencia y el verdadero poder basado en el alma lo ayudaría a apreciar y comprender realmente su inmenso poder como Ser Divino.

Andrew: ¿De qué otras formas me han servido las experiencias de impotencia y baja libido en mi vida actual?

Iknow: Han servido para alejar de ti las distracciones; de lo contrario, podría haber habido mujeres, tal vez habrías tenido hijos, distracciones del plano material que te habrían desviado del camino, como sucedió en vidas anteriores. Además, la dureza, el dolor, el sufrimiento no te dejan abandonar. Ahora no es posible salirse del camino. Sientes la caldera que quema, que empuja, que impulsa el sueño hacia delante: la búsqueda de la verdad y de llevar a los demás contigo. Se acordó que este era el mejor camino, no el más fácil, pero sí el mejor.

Es como empujar una pelota bajo el agua. Cuanto más la empujes, más alto saltará cuando la sueltes. Todo te ha llevado y te sigue llevando a una mayor comprensión a través del contraste de la verdadera esencia, el amor.

Andrew: ¿Cuál es el significado de mi actual trabajo con los inmigrantes indigentes?

Iknow: Lo que quieras para ti llévalo primero a los demás. Así que, al conocer a los *sintecho*, a los desamparados, a los que se rindieron, a la gente que carece de amor, que ni siquiera tiene amor propio, este [amor] empezó a florecer en ti. Y ha seguido creciendo, creciendo y creciendo. Se trata de estar ahí con la gente, simplemente de estar presente con ellos, aunque no tengas la solución o la respuesta requerida. Es reconocer esa humanidad y también esa Divinidad.

Aquí llegamos a un punto crucial: al tomar conciencia primero de su propia Divinidad, Andrew pudo ver la Divinidad en los demás. Cuando los demás vieron entonces su Divinidad reflejada en los ojos de Andrew, comenzaron a recordar quiénes son de verdad. De esta manera tiene lugar la auténtica curación.

Andrew: El dolor que siento por lo de mi pene me ha hecho sufrir inmensamente. ¿Hay algo más que pueda decirme sobre la razón del dolor o cómo curarlo?

Iknow: Ya hablamos de las razones. ¿Hay algo más que deba decirse? Solo que estamos contigo. Puedes llamarnos. Puedes pedirnos ayuda.

Te felicitamos y abrazamos por ser lo suficientemente valiente como para recorrer este camino en nombre del Amor. Ten esto como tu lema a partir de este día, un nuevo mantra que está grabado en ti: «Hago esto en nombre del Amor». Por eso viniste a esta vida, a este cuerpo, como Andrew Doherty. Sabías bien que sería peligroso en algunos aspectos, pero existía el anhelo de llegar a esa meta final, porque efectivamente tú *eres* esa meta final. Conecta con esta idea en el corazón. Amén.

Andrew: ¿Cómo puedo hacer todo esto con más suavidad y soltura?

Me sorprendió que Iknow explotara en un estallido de entusiasmo. Andrew transmitió no solo las palabras de Iknow, sino también la tremenda intensidad y fuerza con la que las impregnó:

Iknow: Olvídate por completo del futuro. ¡Oh, vivir sin futuro! Ohhh, ¡ahora mismo podría ponerme a llorar! ¡Oh, si pudieras vivir este día entero sin futuro, estarías en el cielo! Porque ¿qué necesitas si no tienes futuro?

No hay futuro. ¡Este es el último momento de tu existencia! De manera que habla ahora, porque si no lo haces, después de tu próximo aliento, ¡se acabó! No hay futuro;

vive desde ahí. No hagas nada por el futuro. Hazlo por el momento. La rosa no conoce el futuro. La rosa conoce este momento y este florecimiento. Mira la belleza que crea la rosa.

Habla y vive como el hombre que no tiene futuro. Encarna eso, porque ahí está tu libertad.

Claramente, Iknow sentía que tenía la clave de la felicidad para el ser humano encarnado, solo hacía falta que nos permitiéramos utilizarla.

Tras incitar a Andrew a plantear todas las preguntas que él y yo habíamos querido explorar, y sintiendo que el arrebato de entusiasmo de Iknow marcaba el final de sus comentarios, le dije a Andrew que solicitara a Iknow y al resto del Consejo una curación energética que funcionara en todos los niveles: físico, emocional, mental y espiritual. Le pedí que estableciera la intención de recibir la curación en todos esos niveles.

Cuando Andrew me indicó que la curación se había completado, lo saqué lentamente del estado de trance.

—¡Guau! —exclamó.

—¿Qué te pareció? —le pregunté.

—¿Cuánto tiempo tienes? —dijo riendo—. ¡Fue absolutamente increíble en muchos niveles! El conocimiento que me llegó y cómo todo tenía sentido..., para ser sincero, es exactamente lo que estaba buscando. Es como la pieza final del rompecabezas. No puedo agradecerte lo suficiente, de verdad.

»Es bueno ver que hay una razón para todo lo que pasé —continuó Andrew con un tono de alivio— y saber que el miedo es el punto de encuentro. Eso es perfecto. Y «Hago esto en nombre del Amor» y «Olvídate por completo del futuro», que es poderoso. Esto es un trabajo sagrado, ¡y me cambia la vida!

»Se trata de una perspectiva diferente, de saber que esto [la impotencia y la baja libido] no está mal, que he aceptado llevarlo a cabo. En última instancia, se trata de elegir el Amor. Se trata de elegir el Amor.

La regresión del alma entre vidas de Andrew había arrojado mucha luz sobre el significado espiritual subyacente y el propósito de la impotencia y la libido baja. Ahora conocía la conexión entre ambas experiencias y una de las vidas pasadas de Andrew. También tenía una idea de cuáles habían sido sus otras intenciones antes de nacer. Pero ¿había otros objetivos para la vida actual que no nos contaron ni Elar ni Iknow? ¿Qué más podía ofrecer a los lectores que se enfrentan a los mismos retos que Andrew?

Para responder a estas preguntas, Andrew y yo trabajamos con la médium Staci Wells. Antes de la sesión, le proporcioné a Staci el nombre completo y la fecha de nacimiento de Andrew, que su guía utilizaría para acceder a la información de los Registros Akáshicos, el registro completo y no físico de todo lo relacionado con el plano terrestre. También le dije a Staci que a Andrew y a mí nos gustaría recibir información sobre su planificación prenatal con respecto a su exnovia, Sarah.

Sesión de Andrew con Staci

Al comenzar la sesión, Staci nos dijo que su guía espiritual, que no utiliza un nombre concreto, le estaba hablando y que nos transmitiría sus palabras.

—Tu soledad es autoimpuesta —comenzó diciendo el guía de Staci a Andrew—. Tú mismo la creas y la mantienes.

Como había hablado extensamente con el guía de Staci en numerosas sesiones para mis dos libros anteriores, sabía que esta reflexión la exponía con amor y sin ningún tipo de juicio. Desde la perspectiva del guía de Staci, era sencillamente explicar las cosas tal y como son. La implicación era clara e iba directa al grano: a pesar de su impotencia y su baja libido, Andrew no tenía por qué sentirse solo. La guía de Staci le recordaba su poder innato como creador de su experiencia. El mismo poder reside en cada uno de nosotros.

—En esta vida estás trabajando en el amor propio —continuó la guía de Staci—. También trabajas en la actitud de culpar [en no culparte a ti mismo ni a los demás] y estás aprendiendo a templar la ira con paciencia.

El guía de Staci se apartó entonces para que ella pudiera hablar directamente con Andrew.

—Tu lección kármica más importante es la denominada fortalecimiento de la adaptabilidad. En el fondo, esta lección tiene que ver con la flexibilidad emocional y la capacidad de recuperarse de las tormentas de la vida. Andrew, como alma, vida tras vida, has advertido que tienes un patrón de no lidiar muy bien con la decepción.

»Además, tu esfuerzo primordial como alma es el de ser un líder y utilizar tus instintos y habilidades creativas para liderar, tanto en tu propia vida como en la de los demás. Las situaciones se te presentan para que dediques tu vida a comprenderlas e integrarlas en tu interior. Al hacerlo, desarrollas una aptitud para afrontarlas. Entonces puedes compartirla con otros para que superen sus crisis, sus carencias de autoperdón, de autoconciencia y de autocomprensión.

Aquí habíamos llegado al componente de servicio a los demás del plan de vida de Andrew. En prácticamente la totalidad de las planificaciones prenatales que he examinado, el servicio a los demás siempre ha estado presente de alguna forma. Desde la perspectiva del alma, no basta con cultivar ciertas virtudes o dominar ciertas lecciones. Nuestras almas siempre quieren que extraigamos el oro de nuestras experiencias y que luego compartamos esa riqueza con otros.

—Andrew —continuó Staci—, el Espíritu me está haciendo saber que tú y tu guía espiritual hablasteis [en tu planificación previa al nacimiento] sobre la importancia de centrarse en lo bueno y en el potencial en una existencia determinada, en todas y cada una de las vidas. En otras palabras, has de elegir bien aquello en lo que decides enfocar tu atención. ¿Eliges centrarte en el dolor y el sufrimiento, o bien decides centrarte en lo bueno de tu vida, en lo bueno que alivia tu sufrimiento y te aporta satisfacción y contento?

Cuando Staci planteó esta importante pregunta a Andrew, me recordé a mí mismo que el Espíritu estaba exponiendo una ley fundamental del universo: todo aquello a lo que prestamos atención aumenta. La resistencia a los retos de la vida, como la impotencia y la baja libido, es una forma de atención; de ahí el dicho «aquello a lo que nos resistimos persiste». Entonces, si no es prestándoles atención, ¿cómo se pueden afrontar o superar los retos? Pues centrándose en la medida de lo posible en lo bueno que tiene o podría tener la experiencia.

—También has trabajado la lección kármica del exceso de impulsividad —añadió Staci—. Esta lección nos enseña la importancia de cuidar de nosotros mismos y nuestras vidas, de hacer todo lo necesario para que al final de nuestra existencia estemos cómodos, sanos y bien cuidados.

»Muchas personas con esta lección kármica eligen a la pareja equivocada al principio de su vida —y en ocasiones una y otra vez a lo largo de esa vida— porque tienen la impresión de «¡jamás había sentido esto por nadie! ¡Seguro que es mi media naranja!», cuando en realidad esa sensación en alguien que tiene pendiente la lección del exceso de impulsividad debería ser más bien una señal de alarma.

»Hay muchos aspectos positivos en la lección kármica del exceso de impulsividad. Por ejemplo, tu corazón de oro, la forma en que sientes el dolor de los demás y estás dispuesto a hacer algo para ayudar, y tu capacidad de amar profundamente y de todo corazón, algo que, como la mayoría de nosotros, aún no has aprendido a hacer contigo mismo.

»El propósito de la lección es que te eleves hasta lograr amar incondicionalmente. No se trata solo de aprender a amar a los demás incondicionalmente, sino sobre todo de aprender a amarte así *a ti mismo*.

»Andrew, tu próxima lección kármica es el equilibrio. El objetivo de esa lección es que aprendas a conectarte con la parte de tu interior que está en calma.

»Allí no existe la tristeza ni la ira. No hay «debería», «habría» o «podría». Solo *es*. Si no aprendes a fortalecer tu conexión con ese lugar de paz y sosiego dentro de ti, serás propenso a reaccionar de forma exagerada ante la vida.

»La siguiente lección kármica se llama autoestima, autovaloración, autoconfianza y autoexpresión, lo que equivale a una autoexpresión refinada. Estás aprendiendo a no centrarte en las expectativas de los demás. En lugar de eso, procuras vivir de acuerdo con tus propias expectativas respecto a ti mismo.

Con esto, Staci y su guía concluyeron su visión general de las principales lecciones de vida de Andrew.

—Staci, ¿te sientes preparada para entrar en la sesión de planificación prenatal y escuchar la conversación? —le pregunté.

—Sí —respondió ella—. Déjame ver si puedo escuchar algo. —Hubo una larga pausa mientras se concentraba—. Andrew —dijo Staci al tiempo que una escena de su sesión de planificación previa al nacimiento aparecía con claridad en su mente—, a estas alturas de la sesión de planificación ya has hecho una revisión de tus otras vidas, no solo de la vida pasada más inmediata, sino también de todas tus otras vidas. Tu guía habla de una historia en la que antepones a los demás. Dejas tus necesidades para lo último, y eso hace que estalles cuando ya no aguantas más y también cuando ves que nadie se ha dado cuenta de tu sacrificio y sufrimiento.

Guía espiritual: Es importante que recurras al amor hacia ti mismo. ¿No es cierto?

Andrew: Totalmente. Amo y aprendo, vivo y aprendo, y luego me olvido de volver a amar. Es la forma en que terminé mi vida tantas veces seguidas. Deseo contrarrestar este aspecto de mí mismo en la presente existencia.

—Ahora soy testigo de la conversación entre Andrew y Sarah. Andrew, ella está sentada frente a ti en la sesión de planificación prenatal. Se habla de una vida en Canadá, donde erais hermanos. Ella habla de su necesidad de perdonarse a sí misma porque cree que en esa vida te abandonó. Entabló amistad por correspondencia con un caballero y se trasladó a la otra punta del país para casarse con él y formar una familia. No os habéis vuelto a ver desde entonces. Caíste en las drogas para aliviar tu soledad y más tarde te suicidaste.

Sarah: Te perdono. Te perdono.

—Te perdona por haberte quitado la vida —aclaró Staci.

Sarah: A quien no soy capaz de perdonar es a mí misma. Tuve recelos desde el momento en que te dejé en esa vida. Sabía, al darte la espalda, que me adentraba en el resto de mi vida —en lo nuevo, en lo bueno— y para mí fue una despedida. También sabía que sin mí te dejarías caer, que no harías buenas amistades y que sufrirías y lo pasarías mal, pero yo había puesto mi propia felicidad por encima de la tuya.

Me culpo por ello.

Andrew: Te quiero. Nunca te hice responsable de mi vida ni de mi comportamiento. Te he amado antes. Siempre te amaré. Esto nunca cambiará. Has sido para mí un puerto seguro una y otra vez en un sinfín de vidas, ya fueras mi prima, mi amante, mi vecino o mi madre. Me has tomado de la mano en los peores momentos, pero ahora es el momento de dejarme ir, de dejarme continuar. Esta vez siento que estoy listo.

—Veo como ambos os inclináis el uno hacia el otro y miráis vuestra tabla de planificación prenatal. Buscáis una oportunidad para reuniros. Ella sugiere el momento del encuentro y tú estás de acuerdo.

Sarah: Pasaré a otro [tiempo], pero cuando me encuentres, espero que tú, hermano mío, llegues a encontrarte a ti mismo, porque ese es el objetivo y el propósito que tengo: que te conozcas, y que incluso cuando sufras, seas capaz de ver la luz de Dios y su influencia en tu vida, y llegues a la sensación que tengo yo de que todo es seguro, todo es cierto y todo está bien.

Y aunque vayamos a ciegas hacia el futuro [cuando estamos en el cuerpo], mantenemos la fe en que todo irá bien, y así es. Te entiendo, hermano mío. Sé que aún estás aprendiendo a vivir esto y a estar en el mundo sin expectativas. Sé que te cuesta. Que todavía te resistes y evitas aprenderlo, pero con mi amor por ti en tu vida al menos por un tiempo, sostengo en mi corazón que puedes aferrarte a la experiencia de lo que se siente al estar enamorado y llevarla contigo para siempre, para poder sentir ese amor por ti, enamorarte y estar enamorado de ti mismo una y otra vez, y aprender a amarte a través de las dificultades de la vida: las adversidades con las que has aprendido a desafiarte a ti mismo físicamente y a superarte, pero que emocionalmente te siguen destrozando.

Te propongo este reto, hermano mío. También siento el amor más grande que cualquier ser humano podría sentir por ti, el que no busca, el que no muere, el que no tiene fin, el que siempre está en este universo y en el siguiente.

Cuando me veas, me conocerás. Verás la luz en mis ojos, y la energía irá directamente a tu corazón. De esa forma me conocerás.

Andrew: Sí, sí lo haré. [Se pone la mano en el chakra del corazón]. Conozco bien este sentimiento, y sé que tendrá un propósito en mi vida. Puede que luche de vez en cuando con ese propósito. Puede que no entienda la dirección o el porqué o el desafío, pero mantengo en mi corazón que te amo, que confío en ti y que siempre me llevarás a lo mejor. Que así sea, y que sea para siempre.

—Inclináis la cabeza el uno hacia el otro en señal de acuerdo —añade Staci—, pero este gesto lleva también la energía del respeto y el amor. Ella se levanta y vuelve a la galería donde están sentados algunos miembros de vuestro grupo de almas tanto para dar testimonio como para ser llamados a participar en la planificación.

—Staci, ¿puedes conseguir la conversación con la futura madre de Andrew? —le pregunté—. Cuando ocurrió el incidente con la medicación, él se mudó a su casa. Ella se hizo cargo de él y dejó de trabajar para hacerlo. Fue una tensión tremenda para ambos padres, en particular para su madre. Me pregunto cuál es su plan y de qué hablaron.

De nuevo nos quedamos en silencio durante unos instantes mientras la guía de Staci la llevaba a un lugar concreto de los Registros Akáshicos de Andrew.

—Estoy llegando a la mitad de una conversación entre Andrew y su madre en su sesión de planificación previa al nacimiento –dijo Staci–. Los veo sentados uno frente al otro en el suelo con la tabla de planificación de Andrew entre ellos. Su madre está obviamente disgustada.

Madre: ¿Por qué sigues luchando con esto? ¿Por qué sigues desafiándote a ti mismo? ¿Por qué sigues resistiéndote?

—Está hablando de amor propio, de confianza en uno mismo y de autoestima –explicó Staci.

Madre: ¿Por qué no puedes quererte como yo te quiero?

—Andrew, ella te muestra otras vidas como tu madre, como tu prima, en las que te sirvió de presencia guía. En al menos una de esas vidas, eras un adulto que volvía a casa para recuperarse de una experiencia. Aquí está realmente exasperada. Tu guía espiritual se adelanta y le pone una mano en el hombro.

Guía espiritual: Sé gentil. Sé consciente de que tu comprensión del reto viene desde fuera de este. Desde ese punto de vista no puedes entender cómo es.

—No se dio cuenta de que su reacción había sido excesivamente emocional. La veo tomándose un tiempo para reequilibrarse y recomponerse.

Madre: En mi amor por ti, he elegido estar a tu servicio a través de muchas vidas. No es porque yo sea perfecta. Es porque te quiero, y al estar contigo y ver cómo te enfrentas, aprendo sobre mí, también, y sobre cómo controlarme mejor. Puede que no siempre lo parezca, porque a veces la experiencia de aprendizaje es extrema, y en ocasiones no aprendo de ella en el momento en que sucede. Pero con el tiempo lo hago. Ten presente que te quiero.

Andrew: Lo sé.

Madre: No olvides que siempre estoy a tu lado, esté o no físicamente presente contigo.

Andrew: También lo sé.

Madre: Cuando te di a luz en nuestra primera vida [juntos]...

—Está hablando de un periodo de tiempo que no reconozco —nos informó Staci—. Es anterior a la historia registrada, una civilización que hace tiempo que desapareció de la Tierra.

Madre: ... me dediqué, a partir de ese momento y durante el resto del tiempo, a ser para ti una presencia orientadora y una madre amorosa. Te llevaba dentro de mí y sentía una conexión tan fuerte contigo en mi corazón que llevé este sentimiento conmigo a dondequiera que fuera, cerca o lejos, en este reino o en otro. Soy consciente de que me he volcado demasiado en procurar tu buena suerte, pero debes saber que mi intención se origina como algo puro y que lo que quiero para ti es siempre lo que considero lo mejor.

Puede que no siempre te conozca tan bien como te gustaría, porque tengo una imagen de quién eres de verdad y de todo lo que eres capaz. Debo pedirte que me perdones cuando me apego tanto a lo que creo que deberías ser. Perdóname, hijo mío.

Andrew: Lo hago, ahora y siempre, para siempre.

Mi fuerza se encuentra demasiado a menudo en ti, y me empujo, a veces con excesiva dureza, a seguir adelante y soltarte. Lo he hecho en otras épocas de la vida, y puede que lo vuelva a hacer. Soy consciente de que mi relación contigo es delicada y que a veces te pido más de lo que crees que puedes dar.

Madre: Creo que eres capaz. Creo en ti profundamente. Creo en tu capacidad para sanar. Siempre alentaré la resiliencia en ti para fortalecer aún más el gran coraje que has forjado dentro de ti y que va contigo de una vida a otra.

Ahora estás aprendiendo a desarrollar la resistencia. Estás aprendiendo a ganar fuerza. A veces te desafiaré para que puedas sacar fuerzas de tu interior en lugar de depender innecesariamente de mí. Solo espero saber el momento adecuado para hacerlo y no equivocarme en mi juicio.

Andrew: Te perdonaré.

Madre: Cuando llores, lloraré. Cuando te lamentes, me lamentaré. Pero al final has de seguir adelante sin mí, y lo harás. Lo harás con la cabeza alta, más fuerte de lo que eras antes de venir a esta vida. Pasarás por una metamorfosis que te dará una visión de cómo puedes desenvolverte mejor en el mundo y aportar tu ayuda.

Rezo para darte fuerza, ya sea de mi corazón o de mi cabeza, con el conocimiento que llevo dentro.

Soy tu mayor defensora.

Con esto, Staci concluyó su extraordinaria visión de la sesión de planificación prenatal de Andrew. Le dije a Andrew si había algo más que quisiera preguntar.

—Sí —respondió—. Lo principal parece ser el amor propio. ¿Hay algún consejo sobre cómo podría trabajar el amor propio?

—Esa es una gran pregunta —dijo Staci—. Permíteme estar en silencio y concentrarme en eso.

Tras unos momentos de silencio, Staci anunció que su guía hablaría a través de ella.

—Elegiste la lección kármica de la consciencia compasiva para dar un paso de crecimiento transformador en esta vida. Siempre has tenido una mentalidad compasiva hacia los demás, pero no tanto para ti. Has vivido vidas de autocomplacencia o de abnegación. Encontrar el equilibrio entre ambas cosas —con la ayuda del amor incondicional y la compasión inquebrantable hacia ti mismo— es lo que trae la curación.

»Esto significa que en lugar de aferrarte a los ideales de cómo deberían haber sido las cosas y quedarte con la decepción que luego genera ira, estás trabajando en aceptar y permitir, centrándote más y calmando tus reacciones a los altibajos de la vida, ya sea que te perjudiquen, te beneficien o afecten a otros.

»Siempre, siempre, trátate a ti mismo como si fueras tu propio hijo. Quiérete con toda la compasión del mundo durante toda tu vida, de modo que cuando cometas lo que crees que es un fallo o un error de juicio, seas capaz de decirte a ti mismo: «No pasa nada. Quizá esta vez haya sucedido así, pero es una experiencia de aprendizaje. Te sigo queriendo, y la próxima vez lo harás mejor».

»Sean cuales sean las palabras que te digas, adopta la actitud de que eres tu propio hijo, al que quieres con todo tu corazón y tu alma y al que nunca harías daño. Ámate a ti mismo desde la raíz. Eso fomentará una respuesta más adaptativa y amorosa a la vida misma dentro de tu corazón y de tu energía personal.

»Hay una cosa más —añadió el guía de Staci—. Nosotros [el Espíritu] te sugerimos que al final de tus meditaciones digas: «Estoy en paz con el mundo, conmigo mismo y con todos los que lo habitan». Cuando tratamos de inducir un cambio en nuestro interior, es bueno decirlo en silencio o en voz alta tres o más veces. La mente necesita que algo se repita tres veces para «encender un interruptor» y pasar de estar en un estado de autocrítica, fuera del amor propio, a uno de compasión y mayor capacidad de ser incondicionalmente amoroso con uno mismo.

»Como depositario de la lección kármica de la impulsividad, tienes que aplicarte a algo de forma consistente, diaria o casi diaria, durante un largo periodo de tiempo para obtener los resultados deseados. Nada viene a ti con mucha facilidad o muy rápidamente en esta vida, porque esa es la forma en que lo has establecido. En lugar de tener breves ráfagas de acción para lograr un efecto o un cambio, estás aprendiendo a persistir durante un largo periodo de tiempo para crear un cambio de gran importancia y fundamental dentro de ti.

A continuación, pregunté a Staci y a su guía si había otras razones por las que Andrew planificó las experiencias de impotencia y baja libido.

—Hubo un momento anterior en el viaje del alma de Andrew en el que ocurrió algo que la marcó —dijo Staci cuando el Espíritu comenzó a hablar a través de ella—. Tengo una visión de un ambiente mediterráneo, en el siglo XI o XII. Se me presenta una imagen de Andrew portando una espada ancha y vestido para la batalla, con fuertes cueros protectores y un casco de metal.

»Andrew ha estado mucho tiempo fuera en una travesía hacia el campo de batalla. Ahora la guerra ha terminado y vuelve a casa.

Invadieron su aldea y asesinaron a mucha gente. A pesar de que su familia se había escondido en una cueva en las montañas a poca distancia de la aldea, los encontraron, y él se enteró de que sus hijos y su esposa fueron asesinados. —El habla de Staci se hace más lenta cuando empieza a canalizar de nuevo a su guía—: Andrew se culpó a sí mismo. Asumió la responsabilidad de la muerte de su familia y creyó que no merecía otra familia hasta que se perdonara. Como sabemos, el perdón requiere compasión y amor, así que estas son las cuestiones que Andrew trabaja en su interior ahora. Quizás más adelante en esta vida, quizás en otra, pueda entonces permitirse engendrar hijos de nuevo y mantener el vínculo familiar amoroso.

»Andrew debe aumentar su estado de consciencia compasiva y de amor propio hasta el punto de comprender de qué es responsable y qué está más allá del ámbito de su responsabilidad, como los invasores desconocidos que llegaron sin ser vistos y mataron a sus seres queridos.

»El ser emocional de Andrew sufrió una herida traumática en esa vida. Una herida que demostraba su coraje. Se sometió voluntariamente a una lección a largo plazo de múltiples vidas a través de las cuales sanaría y aprendería a aceptarse y amarse a sí mismo incondicionalmente gracias al aumento de su consciencia compasiva hacia sí mismo y hacia todos sus seres queridos. Esta generosidad de espíritu y esta naturaleza valiente son las mayores fortalezas de Andrew.

»Esperamos que [dirigiéndose a Rob] sigas desarrollando el tema de lo valiente que puede ser un alma al planificar en su vida experiencias de aprendizaje tan difíciles y duras.

Le pregunté al guía de Staci si hay otras razones por las que un alma planea experimentar una libido baja o impotencia.

—Siempre se trata de aprender a amarse a sí mismo, a mirar más allá de las medidas externas de éxito o belleza, y a aceptar la esencia del individuo como algo total y completo. A veces, un alma asumirá una libido baja por haber abusado sexualmente de alguien en otras vidas, pero esto también se refiere a las lecciones fundamentales de aprender a amar incondicionalmente y aprender a aumentar la consciencia compasiva.

—¿Por qué Andrew planeó experimentar la libido baja y la impotencia como hombre y no como mujer? —pregunté.

—Porque disfruta sintiendo la gran fuerza de su cuerpo, y sabía que esa fortaleza física no la encontraría en la forma femenina —respondió el guía de Staci—. Tampoco estaba preparado para entrar en el nivel de complejidad emocional que alberga el cuerpo femenino. Esta es otra razón por la que Andrew eligió su sistema neurológico como elemento físico que requiere equilibrio en su vida, porque la forma femenina tiene más tejido neurológico que la masculina. Quería aprender a equilibrar y manejar primero el sistema neurológico masculino.

—¿Por qué, entonces, alguien planea experimentar baja libido o disfunción sexual como mujer?

—En el caso de una mujer se trata de nuevo del amor incondicional, pero también de la autoprotección: la sensación de haber sido herida o de temer el daño. Es una forma de automarginarse y poner barreras que permitan al individuo aumentar su relación consigo mismo al disponer de más tiempo para sí. Y para algunas mujeres —y también hombres— la experiencia alberga el concepto de autoperdón, la necesidad de aprender a perdonarse a uno por no estar a la altura de ciertos ideales que la personalidad pueda tener.

—¿Qué más puedes decir —pregunté— sobre cómo afrontar la libido baja o la impotencia?

—Sitúate en el momento del *ahora*, donde reside tu poder —aconsejó la guía de Staci—. Practica el estar aquí ahora en lugar de una realidad imaginada. Durante los momentos en los que no te sientas abrumado, escribe unas cuantas frases en las que declares tu amor por ti mismo, en las que declares lo buenas que son las cosas en tu vida, aunque lo único bueno sea que la hierba está creciendo o una abeja zumba alrededor de una flor al otro lado de tu ventana. Y sugerimos que la persona desarrolle el hábito de declarar «me quiero» a diario.

De repente, el discurso de Staci volvió a su cadencia normal y rápida:

—El Espíritu quiere que comparta algo con vosotros. Cuando tenía veinticinco años, el Espíritu me inculcó que cada vez que pasara por un espejo me dijera, en silencio o en voz alta, «me amo». Me costó unos veinticinco años [hacerlo] hasta que un día, por costumbre, pasé por el espejo y me encontré diciendo «ME AMO» y me di cuenta de que por fin lo había conseguido.

—Staci —pregunté—, ¿qué le diría tu guía a alguien que está pasando apuros como pareja de alguien con baja libido o impotencia?

—Que sea comprensivo.

❧❦

Cuando no está en su cuerpo y, en apariencia, atado por las limitaciones del reino físico y los cinco sentidos, Andrew es un alma infinitamente poderosa, lo mismo que todos y cada uno de nosotros. Al existir simultáneamente en múltiples dimensiones, está libre del espejismo del tiempo y no se ve limitado por la ilusión del espacio. Como la consciencia es de naturaleza no local, Andrew está activo simultáneamente en numerosos reinos físicos y no físicos. Crea instantáneamente a través del pensamiento. Conoce por experiencia, no solo a nivel intelectual, su unidad con Todo Lo Que Es.

¿Cómo de poderosa debe ser un alma para ocultar tal poder de *sí misma*? En su vida actual, Andrew trató de cegarse temporalmente a su vasto poder, en parte porque lo usó de forma irresponsable en una vida pasada. Ese mismo poder sigue ahí, pero oculto a su vista por el manto de la impotencia. Como le dijo su guía espiritual Elar: «Te estás impidiendo aceptar lo que ya eres».

Ese bloqueo se disuelve cuando Andrew se perdona por sus acciones en la vida pasada. El autoperdón, a su vez, brota cuando nos escribimos cartas de compasión, autoestima y amor a nosotros mismos. Dado que dar y recibir son, en realidad, dos caras de una misma moneda, el acto de escribir esas cartas supone recibir los regalos que contienen. Sin embargo, el poder no se limita a la capacidad de ocultarnos a nosotros mismos nuestra verdadera naturaleza. Como le explicó Elar a Andrew, el verdadero poder no es el que se ejerce sobre otros, sino la capacidad de hacerles ver a los demás *su* poder innato. Eso se consigue hablando honestamente de los sentimientos que la mayoría trata de evitar: el dolor, el miedo y la vulnerabilidad. Andrew necesita una gran fortaleza para compartir su sufrimiento libre y abiertamente. Su fuerza recuerda a los demás la suya propia y la hace salir. Por esta razón, Iknow le dijo: «La puerta al amor y a la trascendencia pasa por el miedo [...] Allí te encontrarán. Allí encontrarás el amor». En el plano terrestre pocas cosas son como parecen, y gran parte son lo contrario. En la Tierra, la impotencia puede ser un trampolín hacia un conocimiento más profundo del propio poder ilimitado. En el plano físico, el miedo puede ser el punto de partida del amor trascendente.

Además, Iknow aconseja a Andrew que «acepte sus inseguridades... [pero] que no las cambie ni se deshaga de ellas». Intentar deshacerse de algo es entrar en un estado de resistencia. La resistencia requiere concentración, la concentración produce energía y la energía aumenta el objeto de la concentración. En realidad, no hay nada de lo que Andrew deba deshacerse, solo aspectos de sí mismo que amar. La alquimia interior no es un proceso de rechazo selectivo, sino más bien un abrazo indiscriminado de todo corazón.

En la medida en que Andrew aprende a quererse incondicionalmente, crea el cielo en la Tierra para sí mismo, o como dice Iknow, vuelve a unirse «a la Fuente que nunca dejaste». Ninguna alma está realmente separada de la Fuente o de Dios, pero al encarnarnos en la Tierra elegimos *percibir* tal separación. Cuando Andrew recuerda su gran poder, regresa al Hogar en su consciencia. Aquí radica gran parte del servicio a los demás de su proyecto prenatal. Al experimentar lo opuesto a lo que realmente es y luego despojarse de ese autoengaño, está forjando un camino energético de regreso a la consciencia de unidad. «Al volver —le dijo Iknow—, puedes llevar a otros contigo». La expansión de la consciencia de Andrew es mucho más poderosa que cualquier acción que pueda llevar a cabo con su cuerpo físico, y ayuda a que otros, al parecer innumerables, sigan sus pasos.

Como muchos de los que encarnan en el plano terrestre, Andrew diseñó un plan de vida de aprendizaje a través de los opuestos. El alma aprende mejor mediante la experiencia de los opuestos, que proporcionan el contraste necesario para comprender quién es uno verdaderamente a nivel del alma. Cuanto más marcado sea el contraste, más profundo será el autoconocimiento potencial. Como describe Iknow, «es como empujar una pelota bajo el agua. Cuanto más la empujes, más subirá». A través del dolor de la impotencia, Andrew está en proceso de forjar y regalarse a sí mismo una consciencia profunda, rica, sustancial y hermosa de su propia fuerza y magnificencia.

Antes de que ambos nacieran, Sarah aceptó ser la profesora de Andrew en sus clases. Aunque planearon que su relación fuera temporal en el nivel de la personalidad, su conversación antes del nacimiento deja claro que su amor por él es fuerte y duradero en el nivel del alma. La impotencia da a Andrew la oportunidad y la motivación para cultivar un mayor amor propio. También lo hace la dolorosa pérdida de su relación terrenal con Sarah. Ella previó esta oportunidad cuando le dijo a Andrew en su planificación previa al nacimiento que «se enamorara y se enamorara de sí mismo una y otra vez». Esta vida actual es la que muchos esperábamos y planeábamos antes de nacer para descubrir que *nosotros mismos* somos el gran amor de nuestras vidas.

¿Cómo se consigue ese amor propio? Como señaló el guía de Staci, la impotencia de Andrew lo lleva a protegerse y aislarse, lo que a su vez le brinda la oportunidad de desarrollar más su relación consigo mismo. ¿Cómo podría ser esa relación? «Siempre, siempre, trátate a ti mismo como si fueras tu propio hijo», le aconsejó el guía de Staci a Andrew. El camino espiritual es uno en el que cada uno de nosotros se da cuenta de que puede y debe ser su propio mejor amigo, guía, sanador y padre. Para que Andrew pueda hacer este descubrimiento, su impotencia, su baja libido y su relación «fallida» con Sarah tienen como objetivo hacer que vuelva a sí mismo. Como sabiamente le dijo Iknow a Andrew, «tú *eres* ese objetivo final».

La experiencia de impotencia de Andrew está generando un profundo conocimiento de quién es en realidad —el Amor— y una capacidad enormemente desarrollada de amar. Cuando esta vida termine, cuando la impotencia no sea más que un recuerdo vago y lejano, Andrew llevará esos ideales con él para toda la eternidad.

Este es el camino del guerrero espiritual.

Capítulo 3

⊗

Crianza interdimensional

Hace algunos años, el editor de las ediciones en castellano de mis libros me envió a México para realizar una serie de entrevistas promocionales en la radio y la televisión. La traductora y yo íbamos en un taxi en Ciudad de México hablando de diversos temas cuando se refirió brevemente a una amiga que se dedicaba a la *crianza interdimensional*. Lo dijo con total despreocupación y luego pasó rápidamente a otro tema.

—Un momento —la interrumpí—. ¿Acabas de decir que tienes una amiga que se dedica a la crianza interdimensional?

—Sí. —Parecía sorprendida de que esa expresión me hubiera llamado tanto la atención.

—¿Qué demonios es la crianza interdimensional?

—Pues que el marido de mi amiga murió y ahora la está ayudando desde el otro lado a criar a su hijo.

Me quedé boquiabierto. Permanecimos en silencio durante unos instantes observando a la gente pasar mientras intentaba asimilar lo que acababa de oír.

—¿Tu amiga estaría dispuesta a hablar conmigo? —quise saber.

—Se lo preguntaré.

Poco después, me encontré hablando con Alexa Pauls, cuyo marido, Jorge, sigue colaborando en la crianza de su hijo desde el reino espiritual.

Solo en Estados Unidos, se calcula que antes de los quince años un millón y medio de niños pierden a uno o a ambos padres. La cifra para el resto del mundo es seguramente superior a ese número. Como es natural, el progenitor que permanece en el cuerpo se pregunta: «¿Por qué ha ocurrido esto? ¿Qué significa? ¿Cómo puedo criar a nuestros hijos yo solo?». Tanto él o ella como los hijos suelen experimentar una sensación de abandono. Quizá sientan rabia hacia el miembro de la familia que ha fallecido y culpabilidad por haber sentido rabia. Las heridas de una pérdida así son profundas y duraderas.

¿Cómo se produce entonces la curación? Tal vez, solo tal vez, mediante la comprensión de que el «fallecido» nunca se fue realmente.

Alexa

Alexa tenía treinta y nueve años cuando hablé con ella, cuatro años después de la muerte de su marido, Jorge. Nació en Alemania, hija de un diplomático y una terapeuta familiar. Pasó la primera mitad de su vida trasladándose de país en país con su familia. En un viaje de fin de curso a México, experimentó un inexplicable sentimiento de conexión con los yacimientos arqueológicos que visitó; incluso llegó a llorar espontáneamente cuando se encontraba en Tulum. Más tarde, optó por realizar estudios precolombinos en la Universidad de Berlín. Se trasladó a México después de terminar su licenciatura superior. Al poco tiempo conoció a Jorge, guía de deportes de aventura y reportero.

—Me sentí muy impresionada desde el primer momento en que lo vi —dijo Alexa con nostalgia—. Me pareció muy atractivo; había una chispa especial en sus ojos marrones color miel que me cautivó. En una fiesta, Jorge y yo estuvimos hablando toda la noche, sumergiéndonos el uno en la vida del otro.

En la época en que se conocieron tanto Alexa como Jorge tenían otras parejas, pero durante el año siguiente, al conocerse mejor dentro de su círculo de amigos, su conexión se profundizó. Alexa recuerda un sueño muy bonito en el que ella y Jorge caminaban por un arco de nubes, y se casaban. Poco después pusieron fin a sus otras relaciones.

—Teníamos la fuerte sensación de que teníamos que unirnos, estar juntos, vivir y recorrer juntos este camino de la vida —me dijo Alexa—. Lo que siguió fueron once años como pareja, vivimos muy felices, teníamos una buena vida con dobles ingresos, sin hijos, viajando mucho.

Alexa y Jorge compartían el amor por la naturaleza y la aventura, y pasaban gran parte de su tiempo libre practicando *rafting*, escalando montañas, haciendo senderismo y explorando lugares remotos.

Con el paso de los años, sus pensamientos se orientaron a tener hijos.

—A Jorge le encantaban los niños —recordó Alexa—. Estaba convencido de que deseaba tener hijos, y nos íbamos haciendo mayores. Yo tenía casi treinta y cuatro años, y él cuarenta y cuatro, cuando le dije: «De acuerdo, vamos a intentarlo antes de que seamos demasiado viejos. Veamos qué nos tiene preparado el destino». Estamos seguros de que nuestro hijo Luca vino a nosotros ese mismo día, el primer día que intentamos concebir. Llegamos realmente a sentir cómo esa pequeña alma se encarnaba en mi cuerpo. Fue un momento muy especial.

—¿Cómo lo supiste? —pregunté—. ¿Qué sentiste?

—No lo sentí durante el acto sexual, sino justo después. Estábamos tumbados en la cama, nos miramos y dijimos: «Ha sido especial». Entonces cerré los ojos y contemplé una vasta oscuridad que iba más allá del cielo hasta un lugar muy lejano y oscuro. Vi una luz que descendía, abriéndose paso a través de capas de diferentes atmósferas hasta mi abdomen. Entonces mi gato vino a nuestra cama, cosa que nunca hacía, se subió a mi abdomen y empezó a ronronear «gurrrr, gurrrr» en mi barriga. Dije: «Oh, me parece que ha llegado alguien».

El parto de Luca fue complicado y requirió una cesárea, pero nació sano.

—Tenía unos ojos azules enormes —recordó Alexa—, como estanques en los que se reflejaba el cielo. Hay mucha sabiduría y profundidad en esos ojos.

Alexa y Jorge estaban en el séptimo cielo.

No mucho después, a Jorge le ofrecieron un programa de televisión en directo en el que presentaría deportes de aventura cuatro días a la semana. Parecía que todos sus sueños se habían hecho realidad.

—Cuando Luca tenía once meses y medio, Jorge se fue de viaje —continuó Alexa, con una tristeza repentina en su voz—. Fue el martes 15 de enero de 2013. Salió de nuestra casa muy temprano, me dio un beso. Yo estaba medio dormida. Le dije: «Nos vemos mañana por la noche». Luca y yo fuimos a un parque por la tarde. Nos quedamos en el parque hasta las cinco y luego nos fuimos a casa. Media hora después recibí una llamada del jefe de Jorge.

—Me dijo: «Tengo muy malas noticias. Jorge ha tenido un accidente de avión mortal». Tenía a Luca en un brazo y el teléfono en la otra mano. «¡NO, NO ES POSIBLE! —grité. Me caí al suelo—. ¡NO! ¡NO! ¿QUÉ ME ESTÁS DICIENDO? ¿QUÉ ME ESTÁS DICIENDO?».

El piloto con el que Jorge había volado tenía cuarenta años y veinticuatro mil horas de experiencia. Durante cincuenta minutos todo fue bien mientras hacían varios giros y piruetas en el aire. El error llegó durante el aterrizaje. El piloto, que había dejado su propio avión en otra ciudad y pilotaba el avión del propietario del aeropuerto, calculó mal. El aparato se precipitó a la selva junto a la pista de aterrizaje. El impacto mató al piloto y a Jorge.

—Si nos remontamos al momento en que recibí la llamada telefónica —continuó Alexa—, recuerdo que abandoné mi cuerpo y fui a donde estaba Jorge en el lugar del accidente. Recuerdo haber volado hasta donde estaba él y decirle llena de desesperación: «¡Jorge, esto no debía pasar! Se suponía que íbamos a ser una pareja feliz y a llevar una vida feliz». Inmediatamente recibí una respuesta clara, me dijo: «Sí, Alexa, así es como se suponía que debía ser».

Alexa hizo algunas llamadas telefónicas, y en treinta minutos su casa se llenó de sus amigos y de la familia de Jorge.

—A partir de ahí mi casa estuvo llena de gente durante seis días. Fue una experiencia increíble de comunidad: compartir emociones, tradiciones, compañerismo. Una de mis amigas siempre estaba conmigo para cuidar a Luca o ir al banco o cocinar. Nunca estaba sola.

Le pregunté a Alexa en qué momento llegó al concepto de paternidad interdimensional.

—Sentí mucho la presencia de Jorge durante esas primeras noches en la casa —respondió—. Una vez estaba con Luca en brazos en su habitación, intentando que se durmiera. Entonces, sentí que Jorge nos abrazaba. ¡Que los tres éramos una columna de luz!

»La segunda noche que llevé a Luca a la cama, tomé al pequeño en mi brazo fuera, en nuestra terraza. Dije: «Buenas noches, árboles. Buenas noches, estrellas. Buenas noches, cielo», como solíamos hacer, un ritual nocturno. Y esa noche dije: «Buenas noches, papá. Está ahí fuera y siempre te cuidará». Luego llevé al niño a su habitación. Mientras cerraba la puerta, Luca miró al exterior y dijo: «Adiós, papá». Nunca había utilizado la palabra *papá*. Para mí estaba muy claro que veía a su padre.

Alexa empezó a consultar a Jorge sobre las decisiones importantes. Sintió que él la guiaba para mudarse de Ciudad de México a un pueblo pequeño a dos horas de distancia. Allí la condujo a una pequeña y hermosa réplica de la casa en la que habían vivido en Ciudad de México antes de su muerte, un lugar donde sabía que ella y Luca se sentirían seguros y en casa.

—Desde que se fue de este plano físico nunca dejé de hablar con él, sobre todo por la noche. Normalmente, encendía una vela y creaba un momento de calma para hablar con Jorge tal y como habíamos hecho cuando él estaba aquí.

En una de esas noches a la luz de las velas, Alexa le preguntó a Jorge por qué se había ido, dejándole a ella la responsabilidad de criar a su hijo, qué pensaba él de su forma de llevarlo y cómo veía a Luca. Como respuesta recibió en su mente la expresión *crianza interdimensional* en inglés.* Contuvo la respiración al comprender el significado de esas palabras que nunca antes había oído. Alexa comprendió intuitivamente que tenían un gran significado. Al mismo tiempo, la emocionó e infundió una profunda calma.

Luego me contó que Luca también está en contacto con Jorge.

—Hace unas semanas Luca dijo: «Mamá, voy a pintar a todos los que viven en esta casa». Tenía mucha curiosidad por el resultado de ese pequeño dibujo porque tenemos varias mascotas y él tiene una niñera que también vive con nosotros. Así que estaba preparada para mamá, Luca, la niñera y los perros.

»Más tarde me trajo el dibujo. Era una casa con Luca, mamá y una esfera redonda, ovalada más bien. Se trataba de una figura muy

---

* N. del T.: *Interdimensional parenting.*

diferente a las figuras más humanas que nos representaban a Luca y a mí. Estas eran palos con dos piernas y la suya era una gran forma de huevo con dos ojos y una sonrisa.

Alexa le preguntó a Luca qué era la forma ovalada.

—Papá —respondió él con toda naturalidad.

—¿Por qué papá es diferente? —preguntó ella, sorprendida.

—No lo sé —respondió Luca—. Es así.

Luca veía a su padre en el hogar, aparentemente en un cuerpo luminoso, en forma casi ovalada.

Le pedí a Alexa que me hablara de otro momento en que se hubiera comunicado con Jorge.

—Una vez, hace quizá un año, estaba en un temazcal, que es una especie de sauna tradicional mexicana. De alguna manera conecté con Jorge. Lo vi sentado en la terraza de nuestra casa, probando el sofá y los cojines y disfrutando de estar allí. Le dije: «¡Qué bien, estás en casa! Disfrútala, que también es la tuya porque tú nos llevaste a ella». Lo siguiente que vi fue a él de pie en el dormitorio de Luca que estaba dormido en su cama. Fue muy conmovedor porque percibí que estaba deseando tocar a su hijo pero no podía. Le dije: «Siento mucho que no puedas disfrutar de él de forma más clara, pero es tu hijo y sé que estás ahí para cuidarlo». Entonces lo vi sentado en el suelo delante de la cama, pendiente del niño.

Alexa me contó un sueño especial en el que Jorge se le había aparecido.

—Estaba volando por el cielo, viajando a través de una gran oscuridad. De repente, me encontraba en la Capilla Sixtina junto a la imagen de Dios y Adán [extendiendo sus brazos y dedos índices para tocarse]. Vi y sentí que sus dedos se acercaban cada vez más. En el momento en que los dedos se tocaron, hubo un gran estallido, mucha luz, ¡una explosión! En el mismo segundo vi una de esas viejas cabinas de fotografía. La cortina que hace las veces de puerta flotaba. Me adelanté para abrir la cortina... ¡y vi a Jorge! Estaba sentado en la cabina. Se levantó. Estaba brillante, hermoso..., *más hermoso que nunca*. Era él: su cuerpo, sus ojos, su pelo... Todo muy brillante. Era el Jorge verdadero y esencial. Todavía existe, y existe en una versión más radiante que la que conocí en la Tierra —añadió Alexa riendo.

—Es como si la imagen de la Capilla Sixtina de los dos dedos representara el contacto interdimensional —observé.

—Exactamente —coincidió.

Además de sus propias comunicaciones con Jorge, Alexa recibió un mensaje de él a través de un amigo que lee los Registros Akáshicos, el registro completo y no físico de cada pensamiento, palabra y acción relevante para el plano terrestre. Alexa me leyó las palabras de Jorge:

Amada mía:

Soy Jorge. Siempre estoy aquí con vosotros, y estoy muy contento y aliviado de que lo sepáis. Siempre estoy presente. Por favor, no dejes de comunicarte conmigo. Por favor, cree en el hecho de que esto [la crianza interdimensional] es posible y está sucediendo realmente. Tú lo sabes. Tu alma lo sabe. Sabes que esto ocurre.

Tuve que «desaparecer» para que empezaras a creer en la existencia de otras realidades. Cree en tu intuición.

El alma de Luca es muy antigua y sabia. Tenemos que cuidar de él. Siempre estoy a tu lado. Me comunico a través de la telepatía en el día y también de los sueños en la noche. Nunca me he ido. Tú lo sabes. Tu alma lo sabe. Aprecio y agradezco profundamente tu servicio, tu altruismo y las verdades que expresas en tus actos de amor. Has de aprender a creer sin dudar de ti misma. En vidas anteriores sufriste mucho por tus facultades, pero ese tiempo ya pasó, y la consciencia se está abriendo. Tienes que despertar y mantenerte despierta. Lo estás haciendo muy bien con Luca, muy bien, y este pequeño es nuestro mayor maestro. Viene de un antiguo linaje lleno de conocimiento. Cuando crezca, lo veremos.

Eres un alma en servicio, y nosotros [Espíritu] estamos agradecidos por tu esfuerzo. Sabemos que no es fácil, pero puedes hacerlo. Recuerda que tu alma decidió que todo esto sucediera y que tienes la fuerza y el amor de tu hijo, que hace posible pasar por esto. Lo vas a hacer muy bien, mi amada. Ama y no mires hacia atrás, porque lo estás haciendo maravillosamente. Tu libro saldrá a la luz. Muchas almas lo están esperando.

Eres muy amada, mi bella princesa.

Nos quedamos en silencio durante un minuto mientras asimilamos el poder y la belleza de las palabras de Jorge.

—Alexa —le dije—, ¿el concepto de crianza interdimensional te ayudó a sanar la ira que sentías hacia Jorge y a perdonarlo?

—Sí. La clara comprensión de que debía ser así me ayudó mucho. Por supuesto, había días en los que pensaba: «No tengo ganas de levantarme. Solo quiero deprimirme y quedarme tumbada en la cama», pero no podía porque tenía que cuidar de mi hijo pequeño. Así que la comprensión de que nosotros mismos lo habíamos planeado todo, junto al cuidado de un bebé lleno de luz, hermoso y alegre, fue mi medicina para superar esos difíciles primeros años.

—Tu historia la leerán padres o madres que hayan perdido a sus cónyuges y estén criando a uno o más hijos aparentemente solos. Quizá ese sea su primer contacto con la idea de la crianza interdimensional. Tal vez hayan estado enfadados con su pareja durante bastante tiempo pensando que los habían abandonado. ¿Qué le dirías a alguien que estuviera en esa situación?

—Que en lugar de sentirse víctimas, solos, deprimidos e impotentes, acepten el reto que les ha tocado vivir y lo vivan con intensidad —aconsejó—. Que sientan intensamente el dolor del duelo. Que lloren hasta quedarse sin lágrimas. Que se dejen llevar por lo que sienten, pero sin hundirse. Que miren más allá de la cortina del dolor al potencial que hay detrás. Que agradezcan la oportunidad de entender lo que significa estar aquí con o sin cuerpo.

—Alexa, es posible que algunos de los lectores de tu historia sean niños con edad suficiente para entender el concepto de crianza interdimensional y que hayan perdido a uno de sus padres. ¿Qué te gustaría decirles?

—Que siempre que sientan su presencia, crean en ella, que se aferren a esa presencia y encuentren alivio y amor en esos momentos. Creo que tanto la noche como la naturaleza son lugares donde es mucho más fácil conectar. Así que recomiendo a los niños que por la noche piensen en su padre o madre y los invoquen. Siempre le digo a Luca: «Tu padre te quiere. Tu padre te cuida», todas, todas las noches. Puedes explicarles a tus hijos de forma lúdica —no espiritual ni adoctrinadora— que «en tus sueños eres capaz de volar. Puedes ir a las estrellas. Quizá tu madre o tu padre vengan a buscarte y te lleven de paseo».

»Y también conectar a través de la naturaleza. Cada semana, en muchos momentos diferentes, digo: «Mira el pájaro, la luz en el árbol, [o escucha] el viento. Tu padre está ahí». Ve al bosque y habla con ellos en la naturaleza, y no dejes nunca de hablarles.

»Cuéntale a tu madre o a tu padre [que ha hecho la transición] lo que hiciste en la escuela. Cuéntale lo que te preocupa, o si alguien hizo algo que no te gustó. Cuéntaselo y sentirás que está ahí, que puede cuidarte y ayudarte y estar a tu lado.

Le pedí a Alexa que resumiera cómo la crianza interdimensional la ayuda a ella, a Luca y a Jorge.

—Me ayuda a mí porque no me siento sola —dijo—. Me he sentido triste. Lo he añorado físicamente. Pero no me he sentido sola. Me siento muy fuerte y segura de seguir adelante porque siento su compañía.

»Para Luca, en su día a día Jorge está definitivamente presente. De alguna manera, Luca no parece un niño sin padre, que añora esa pieza que le falta. Creo que gran parte de todo esto está dirigido a criar a Luca con la consciencia de un mundo y una existencia multidimensionales, preparándolo desde bebé para que sepa que no vivimos únicamente en este plano físico. Como adulto y hombre, esto jugará un papel importante en su vida y su misión.

»Enseñarle este concepto hará que a Jorge le resulte más fácil desempeñar su papel en la vida de su hijo. Luca tendrá un guía muy especial. Creo que gran parte del significado lo descubriremos en el futuro.

—Alexa, ¿hay algo más que te gustaría decir a los niños que han perdido a uno de sus padres, quizá incluso a los que ahora son adultos y sufrieron el fallecimiento de uno de ellos cuando eran menores?

—Me gustaría decirles que el espíritu de su madre o padre fallecido puede encarnarse en un pájaro o en un río, o que pueden encontrarlos en pequeñas señales mágicas. Una vez que te abres y empiezas a leer estas señales, hacen que tu vida se vuelva mágica y hermosa. Incluso para las personas mayores, ya adultas, que vivieron la experiencia hace mucho tiempo, nunca será demasiado tarde para conectar con la presencia del alma, porque el tiempo es muy diferente en el mundo espiritual. Siempre pueden conectar con la presencia de su padre, que sin duda nunca los ha abandonado.

Conversación con Jeshua y Jorge

Mi conversación con Alexa me había dejado muchas preguntas. ¿Acaso ella, Jorge y Luca habían acordado, antes de que nacieran, que Jorge volvería a su naturaleza espiritual poco después del nacimiento de Luca? De ser así, ¿por qué Alexa había querido criar a Luca sola? ¿Por qué Luca había querido ser criado solo por su madre? Si estas habían sido sus intenciones antes del nacimiento, ¿por qué Jorge aceptó su plan? Para conocer las respuestas a estas y otras preguntas sobre sus planes de vida, pedí a Pamela que canalizara tanto a Jeshua como a Jorge.

Para comenzar nuestra exploración, le pedí a Jeshua que diera una definición de crianza interdimensional.

—La crianza interdimensional significa que hay una relación amorosa entre un padre que abandonó el reino físico y un niño que todavía sigue en él. La relación se caracteriza por el cuidado, el compromiso y el apoyo del progenitor. Este cuenta con la ayuda de al menos dos guías para realizar su función desde el otro lado. El cumplimiento de esta función forma parte del plan de crecimiento interior de su alma.

»Es necesario que el progenitor [fallecido] sea capaz de conectar con su propia alma o Yo Superior. Ha de tener un nivel de consciencia que le permita elevarse por encima de las fuertes emociones que siente por su hijo —como preocupación, dolor, ira o miedo por su pérdida— o por su propia muerte. Esta consciencia transpersonal [a nivel del alma] asegura que la relación interdimensional beneficie verdaderamente al niño y a la pareja que queda en la Tierra, si la hubiera. Y ayuda al progenitor fallecido a aceptar sus propias emociones, porque la perspectiva del alma proporciona una visión más amplia.

»La crianza interdimensional, en la inmensa mayoría de los casos, parte del plan del alma. Esto significa que es muy probable que ocurra, que pertenece a la categoría de eventos en la vida que tienen una alta probabilidad de producirse porque las almas han elegido de antemano experimentarlos.

Pamela intervino para aclarar:

—A diferencia de las situaciones en las que el padre muere y no puede abandonar el reino de la Tierra y a su hijo (y por lo tanto permanece atado a la Tierra), y la relación está más caracterizada por fuertes emociones de pérdida y tristeza, la crianza interdimensional no ocurre desde el reino astral (atado a la Tierra), sino desde el reino espiritual, donde hay un nivel sustancial de libertad y consciencia.

Jeshua se apartó entonces para que Pamela pudiera ofrecer sus primeras impresiones sobre Jorge, que había estado esperando tranquilamente para participar.

—Veo a Jorge —dijo Pamela—. Es como en la foto [que Alexa le había enviado] pero está vestido con ropa blanca con rayas oscuras en las muñecas y los tobillos y botas negras que parecen muy terrenales. [Jorge podría haberse presentado ante Pamela de cualquier forma que eligiera, incluso simplemente como luz. Había elegido una apariencia que le resultaba familiar a Pamela y, por extensión, a Alexa para crear sentimientos de conexión y comodidad]. Está llorando. Su corazón está lleno de amor por su mujer y su hijo. Todavía anhela estar con ellos, abrazarlos y acariciarlos. Sigue teniendo emociones muy humanas al respecto. Pero también está en un lugar de luz y energía muy pura y pacífica. Quiere decirles **«os amo»** a Alexa y a Luca y que estará allí cuando crucen. Está claro que está muy comprometido con los dos. También dice que se siente orgulloso de ellos, por la forma en que están afrontando la situación. Afirma que son guerreros de la consciencia, que crean más luz en la Tierra mientras siguen sus caminos individuales de crecimiento.

»Jorge desea colaborar con este libro, porque dice que hay una categoría de padres fallecidos que *podrían intervenir* en la crianza interdimensional, pero que ahora están atrapados en la dimensión astral, donde sufren el desamor y la pérdida. Aunque el plan del alma de algunos es ser padres interdimensionales, aún se sienten demasiado estancados en las emociones pesadas y no son capaces de elevarse al nivel transpersonal. Jorge quiere acelerar su proceso de liberación proporcionando información a quienes se quedan en la Tierra. Estos podrían hablar con sus seres queridos, lo cual los ayudaría mucho. Los seres que permanecen en el astral contactan más fácilmente con los seres queridos que permanecen en la Tierra que con sus propios guías, ya que a estos últimos aún no los reconocen.

»También hay —continuó Pamela— padres fallecidos que no tienen un plan del alma para ser padres interdimensionales, pero que podrían llegar a serlo si lo desean sinceramente. Esto los ayudaría a crecer, a soltarse y a comprender muchas cosas. Tal vez no se conviertan en «padres interdimensionales de pleno derecho», sino más bien en «aprendices». Jorge subraya que hay mucha libertad de elección en el universo. Hay algunas tendencias básicas en un plan del alma, pero también hay mucho margen de maniobra. Por ejemplo, podrías tener el plan del alma de convertirte en un padre interdimensional y aun así no lograrlo durante bastante tiempo porque te quedas atascado en emociones pesadas. También es posible que no tengas este plan pero evoluciones a ser un padre interdimensional, porque elijas abrirte al nivel del alma y estés deseando liberarte del reino astral más denso. *Puedes planear acontecimientos, pero no planear el crecimiento espiritual. Este implica libre albedrío.*

»Jorge dice que una mayor concienciación en la sociedad humana sobre la vida en el otro lado y sobre cómo es la realidad de un padre que cruza podría mejorar la comunicación interdimensional y ayudar a ambos grupos de almas.

—Pamela —pregunté—, ¿planeó Alexa antes de nacer «perder» a Jorge y luego dedicarse a la maternidad interdimensional? Y, si es así, ¿por qué?

—Alexa y Jorge tienen un vínculo muy fuerte, y estuvieron juntos antes, en varias vidas —respondió Pamela. Aquí estaba usando sus dones psíquicos de clarividencia («visión clara»), claricognición («conocimiento claro») y clarisensibilidad* («sentimiento claro») para acceder a información sobre sus vidas pasadas y cómo eran sus energías en esas encarnaciones–. Él fue su padre en una vida, y a ambos les costó mucho separarse cuando ella llegó a la madurez. Ella siempre comparaba a los hombres que conocía con él, y nunca daban la talla. Los juzgaba y no se abría a ellos.

»También hubo otras relaciones en vidas pasadas: ella era su madre. Se dedicaban el uno al otro de forma similar.

»Hay una vida en la que los dos son hombres, buenos amigos y compañeros. Se divierten mucho juntos; ambos son aventureros, apasionados y atrevidos. Los veo juntos montando a caballo a todo galope con otros hombres en un paisaje abierto. Tal vez sean comerciantes que viajan de un lado a otro. Es muy estimulante, y les encanta esta vida de libertad. Miran un poco por encima del hombro a la gente más prudente, de mentalidad estrecha o anclada en formas de pensar limitadas.

»Jorge y Alexa tienen temperamentos similares en todas sus vidas. Ambos son fogosos, atrevidos y aventureros. Siempre se tuvieron un profundo cariño, pero tanto que dificultó su relación con otras personas –concluyó Pamela.

Jeshua volvió entonces al primer plano de la consciencia de Pamela:

–El vínculo ha sido demasiado fuerte en algunos aspectos –observó–. Hay una necesidad de desenredarse y volverse enteros por sí mismos. La muerte prematura de Jorge formaba parte del plan del alma de Alexa, porque quería aprender a sobrellevar la pérdida y arreglárselas sola. Quería desarrollar las cualidades de la paciencia, la confianza y la rendición mientras atravesaba el proceso de

---

* N. de la E.: *Clairsentience* en el original. En algunos textos se puede encontrar traducido como 'clarisentencia' (opción dudosa que surge de la mera «castellanización» literal del término).

duelo. Al mismo tiempo, tiene un espíritu muy aventurero y quería participar conscientemente en la crianza interdimensional, como una pionera. El fuerte vínculo entre ella y Jorge lo hace posible. Por lo tanto, quiere superar la desventaja de la relación (una atracción tan fuerte que excluye a otras personas y frena el progreso), pero lo hace de una manera que utiliza su lado positivo: la fuerte conexión a nivel del alma. La conexión del alma puede ayudarla a seguir sintiendo el amor entre Jorge y ella y crear el espacio para un nivel elevado de interacción interdimensional, pero al mismo tiempo está sola a nivel humano y tiene que arreglárselas emocionalmente.

—Pero ¿esa sensación de unidad que Jorge y Alexa han experimentado juntos no es amor? —le preguntó Pamela—. ¿Qué hay de malo en eso?

—Más que malo, es unilateral —explicó Jeshua—. Ambos tienen energías muy agitadas y una gran desfachatez, y esto se refuerza al estar juntos. El resultado puede ser la falta de paciencia, entrega y ecuanimidad. Ahora necesitan las energías opuestas más de lo que se necesitan mutuamente. Sin embargo, la relación tal y como es ahora (fuera de la carne) fomenta las cualidades de paciencia y entrega. Así que, de forma muy creativa, han encontrado una manera de estar juntos que coincide con los propósitos del alma de los dos.

—Eso suena hermoso e incluso ingenioso —observó Pamela— pero me imagino que Alexa no puede verlo así tan fácilmente. Debe de sentir un enorme vacío en su vida ahora que Jorge está ausente físicamente. ¿No es casi imposible mirar esta situación desde la perspectiva del alma cuando se está en un cuerpo humano, lidiando con intensas emociones de dolor y pérdida, en un mundo que está muy centrado en lo físico y mucho menos en lo espiritual? Si te sientes traumatizado a nivel emocional, la perspectiva del alma suele parecer demasiado elevada. ¿Cómo puedes abrirte a ese nivel de percepción?

—No te abres a la perspectiva del alma de golpe —afirmó Jeshua—. Normalmente se necesita bastante tiempo para pasar por el proceso de transformación de lidiar con tus emociones y abrirte a una perspectiva desde la que los eventos y las situaciones cobran sentido y dan fruto. Esto no es algo que se pueda captar solo con la mente. Comprender las cosas desde el nivel de tu alma es un proceso lento de ascensión en el que empiezas por aceptar tu dolor emocional, cuidándote con cariño y diligencia. El amor propio que desarrollas así te permitirá algún día alcanzar momentos de paz y entrega. El dolor sigue ahí, pero ya no luchas contra él. Lo permites, y es entonces cuando tiene lugar la verdadera transformación.

»Al permitir que ese dolor esté en ti, sin luchar contra él, confías a un nivel básico en que tiene algún sentido, aunque no sepas cuál. Y el siguiente paso es que te das cuenta de que eres más grande que ese dolor porque eres tú quien lo permite. Llegados a este punto tu consciencia se acerca mucho al nivel del alma. Si puedes permanecer en ese estado de entrega y consciencia el tiempo suficiente, vislumbrarás el posible significado que guardan los acontecimientos ocurridos. Aparecen en tu mente de forma intuitiva, como una visión repentina que no llega a ti pensando, sino estando abierto y aceptando que no sabes. Hace falta valor para rendirse al no saber, al no entender y al estar simplemente con el dolor. Pero esto crea la entrada al verdadero conocimiento, no por la mente sino por el corazón.

—Así que la clave es la aceptación del dolor —resumió Pamela—. Pero ¿cómo puedes aceptar el dolor, si lo sientes insoportable? ¿Si, en lugar de *observarlo*, te sientes como si tú mismo *fueras* ese sufrimiento?

—Entonces tienes que aceptar que en este momento es insoportable —aconsejó Jeshua—. Fluye *con* tus sentimientos, no luches *contra* ellos. Si sientes que es insoportable, acepta que esta es tu verdad en este momento. Acepta que *ahora mismo* la situación es inaceptable para ti.

»No luches contra el dolor o el pensamiento de que es insoportable. Es la resistencia lo que crea el mayor impedimento para el cambio.

»Fíjate en que he dicho que aceptes cómo te sientes *ahora mismo*. Tus sentimientos siempre cambian, sea cual sea la situación. Por lo tanto, si digo «acepta que es insoportable», quiero decir «acepta que es insoportable *ahora*». Esta misma aceptación aumentará la posibilidad de que te sientas de forma diferente algunos momentos o algunos días después. «Aceptar» siempre significa *aceptar por ahora*. Ríndete por este momento y libera la tensión de resistir. Luego, fíjate en lo que ocurre.

Más sobre los propósitos prenatales de Alexa y Jorge

—Jeshua, ¿puedes contarnos más sobre por qué Alexa quería implicarse en la crianza interdimensional? —pregunté.

—Desea desarrollar su capacidad de abrir su corazón a las comunicaciones con «el otro lado», el reino más allá de lo físico, especialmente para cultivar la confianza y la entrega que esto requiere —respondió—. Necesita abrir su lado sensible y femenino para sentirse alineada con Jorge a nivel del alma y dejar ir la energía masculina dentro de ella que a veces es controladora y quiere imponerse en lugar de confiar y dejarse llevar.

Entonces le pregunté si Jorge había planeado antes de nacer volver al Espíritu a una edad temprana y ser padre desde el otro lado, y si era así, por qué.

—Sí, lo hizo —confirmó Jeshua—. Jorge tenía un plan claro para esta vida. Quería volver y reencontrarse con Alexa, y quería ser el padre de Luca. A ambos los conocía de vidas anteriores. En una, Luca era sacerdote, una persona muy sosegada y paciente. Era introvertido y llevaba una vida tranquila en un monasterio, sin importarle mucho el éxito ni la opinión de los demás. Jorge lo visitaba a menudo. Era un joven apasionado con espíritu revolucionario, resentido por las injusticias sociales (pobreza, desigualdad, abuso de poder por parte de las autoridades) que veía a su alrededor. Buscaba una comprensión espiritual de las cosas. Por eso acudió a Luca. A Luca le gustó mucho. Le gustaba su carácter apasionado. Jorge admiraba y apreciaba a Luca porque parecía no preocuparse por nada externo y tenía un halo de misterio y sabiduría. Sin embargo, Luca se sentía un poco solo y le encantaba tener a Jorge cerca.

»Jorge quería volver a reunirse con Luca en esta vida porque había mucho amor entre ellos y porque sabía que la energía del alma de Luca apoyaría a Alexa. A esta le beneficia la energía de Luca porque es opuesta a la suya. Luca tiene la paciencia y la calma que ella misma quiere desarrollar.

»Por otro lado, Jorge y Alexa —continuó— son capaces de proporcionar a Luca el calor y la vitalidad que en cierto modo le faltaban en la vida pasada. Lo ayudan a ser consciente de sí mismo y a sentirse orgulloso, para que sea lo suficientemente fuerte como para expresar su energía espiritual, su sabiduría, en el mundo actual. El alma de Luca necesita aprender a creer en la gente, confiar en que su energía es bien recibida y muy necesaria en este mundo. Necesita dejar de lado el alto nivel de introversión que tenía y participar en este mundo.

Con eso, Jeshua se apartó, y Jorge volvió a la consciencia de Pamela para ofrecer sus pensamientos.

—Tuve que morir joven —nos dijo Jorge—, por otra vida en la que maté a gente que pertenecía a un grupo al que nos oponíamos. Formaba parte de una banda revolucionaria que quería cambiar la política. En el proceso de difusión de nuestras ideas revolucionarias perdimos el norte y caímos en la violencia. Lo peor que hice fue matar a un hombre inocente que suplicaba por su vida porque tenía hijos pequeños. Ni siquiera era malo; solo tenía miedo de las autoridades y no se atrevía a enfrentarse a ellas. No tuve compasión y decidí matarlo. O estabas a favor o estabas en contra de nosotros, así es como lo entendía yo, que estaba ciego. Mi alma quería resarcirse de ello y experimentar de primera mano lo que es ser arrancado de una esposa y un hijo pequeño. Fue una experiencia terrible, pero como formaba parte del plan de mi alma, después de mi muerte física pude percibir que había una especie de justificación detrás. Superé el trauma emocional con relativa facilidad con la ayuda de algunos guías increíblemente amorosos y sabios.

—Entonces, ¿la muerte prematura no fue causada solo por el deseo de cambiar la dinámica entre tú y Alexa? —le pregunté.

—No, también hubo algo de karma personal. Fue una mezcla de motivos.

—¿Alexa estaba de acuerdo a nivel del alma con tu muerte anticipada?

—Sí, lo estaba. Cuando ambos estábamos todavía en el otro lado hubo un entendimiento muy profundo entre ella y yo. Ambos estuvimos de acuerdo en hacer este sacrificio, que nos causaría mucho dolor, pero que también nos aportaría mucho. Y eso es lo que lo hacía valioso para los tres.

—Jorge, ¿por qué quisiste participar en la crianza interdimensional?

—Mis guías me invitaron a hacerlo antes de comenzar esta vida. Me señalaron esta posibilidad. En aquel momento me pareció estupendo, pero aún no entendía bien lo que significaba. Ahora comprendo lo especial y precioso que es. Estoy constantemente en el campo energético de Luca. Cuando se tiene un hijo en la Tierra, hay un cordón energético invisible entre los padres y el niño mientras es pequeño. Especialmente entre la madre y el niño, pero si el padre está involucrado, también lo tiene. Está en contacto con el niño, sintiendo dónde está y qué necesita. Hay una especie de alerta en tu consciencia, como un vínculo invisible que te conecta con él. Este hilo energético —que estoy seguro de que los padres reconocen por su propia experiencia— sigue intacto entre Luca y yo. Siempre está en el fondo de mi consciencia, aunque haga otras cosas aquí en mi vida. Por ejemplo, mientras viajo con mis guías y aprendo sobre otros lugares y reinos del universo, sigo conectado con Luca, en ocasiones de forma ligera y en otros momentos totalmente focalizado en él. De todas maneras, siempre siento cuándo necesita mi energía. Cuando hay miedo, inseguridad, tristeza u otra emoción fuerte dentro de él, estoy con él en «un abrir y cerrar de ojos». El tiempo es muy diferente aquí.

»Soy capaz de ofrecer amor y apoyo a Luca —continuó— y de proporcionarle la energía masculina que un padre debe ofrecer a su hijo. Es irónico que pueda apoyarlo mejor ahora que estoy en el otro lado porque veo las cosas con más claridad desde este nivel de luz y comprensión. Pero claro, por otro lado, falta la conexión directa de hablar y mirarlo a los ojos. Sin embargo, es un chico sensible, y en su corazón me siente y sabe que estoy ahí. Solo espero que su mente siga abierta a esta posibilidad cuando crezca.

»Ahora veo que la crianza interdimensional, como tú la llamas, es útil para el crecimiento de mi alma, porque entiendo en qué consiste el verdadero amor: no interferir, ser paciente, respetar la libre elección y confiar en la sabiduría de la vida. El amor que siento ahora por Alexa y Luca es muy puro, aunque todavía está mezclado con tristeza y dolor por no poder estar físicamente con ellos. Aunque aún me duele mucho, siento que el dolor acabará siendo mi maestro y me moldeará de tal manera que me volveré más equilibrado y estaré más en contacto con mi alma.

Jorge se apartó entonces y Jeshua volvió para seguir hablando con nosotros.

—Jeshua —pregunté—, ¿planeó Luca antes de nacer «perder» a su padre al principio de su vida y luego ser criado por su madre en cuerpo y su padre desde el otro lado? Y, si es así, ¿por qué?

—Sí, lo hizo —afirmó Jeshua—. Quería cooperar con los planes del alma de Alexa y Jorge. Ama a Jorge y se siente conectado con él a nivel del alma. Esta conexión se basa en la amistad que tenían cuando Luca era sacerdote en una vida pasada. Luca quería ayudar a Jorge a lograr el propósito de su plan del alma, y sabía que sería capaz de lidiar con la pérdida de su padre, aunque a veces fuera difícil. Hoy en día a Luca le afecta el dolor de su madre, pero en el fondo sabe que su padre sigue estando ahí para ayudarlo. Es importante que Alexa reconozca la grandeza del alma de su hijo y no lo vea como una víctima de un destino terrible. Podrá lidiar con esto, y crecerá como un chico sensible y sabio más allá de su edad. Luca eligió este camino porque ama a Jorge y lleva su huella energética tanto en sus genes como en su campo de energía. Esto es lo que quería vivir, tanto como tener a Alexa como madre. Las energías exuberantes y fogosas de ambos padres le dan lo que busca y lo que lo beneficia a nivel del alma.

—¿Luca conoce a Alexa de una vida pasada? —pregunté.

—Brevemente —respondió Jeshua—. Conoció a Alexa en una vida pasada cuando esta, en forma femenina, se quedó embarazada de su esencia. El embarazo terminó prematuramente como un aborto espontáneo. Nunca se conocieron muy bien en términos terrenales, pero sus almas se tocaron durante ese breve tiempo juntos. El propósito era intercambiar energías y crecer gracias a ello. Ambos se sintieron muy tristes por la temprana separación, y esto dejó la semilla para otro encuentro (en esta vida).

Otras razones para la crianza interdimensional

Le pregunté a Jeshua si existen otras razones por las que un alma planea tener hijos, luego «pierde» a su pareja y después se asocia con ella en la paternidad interdimensional.

—Perder a tu pareja a una edad temprana es una experiencia devastadora que nos sacude hasta los huesos, especialmente cuando hay niños de por medio —respondió—. Puede haber varias razones para pasar por esta experiencia relacionadas con vidas pasadas y el propósito del alma para esta existencia. Habría que profundizar en la historia de cada uno para entender bien el entramado de causas.

»Las razones para involucrarse en la crianza interdimensional también son diversas, pero puedo nombrar algunas para el padre que se queda en la Tierra:

1. Ayudar a tu hijo. El padre fallecido puede ofrecer un tipo de orientación que es útil porque viene de una perspectiva más elevada basada en el amor, mientras que gran parte de la crianza de los hijos en la Tierra todavía se basa en el miedo y en la preocupación.
2. Aliviar tu propio sufrimiento, porque es muy tranquilizador y reconfortante seguir sintiendo y percibiendo a tu pareja y poder comunicarse mutuamente. La comunicación no estará presente todo el tiempo, y a veces dudarás si es real (porque eres humano); sin embargo, los destellos de amor e información que llegan te ayudarán a aliviar tu dolor.
3. Aprender a confiar en tu voz interior, a conectar con el corazón y a seguir tu intuición.
4. Llegar a otra dimensión de la realidad más allá de la Tierra. Al hacerlo, te vuelves consciente de la realidad de tu alma y

te abres a un nivel extraordinario de amor y comprensión, más profundo del que te pueden proporcionar la mente o las creencias (a menudo limitadas) de la sociedad.

5. Convertirte en un puente entre este mundo y el del más allá y desarrollar tus habilidades como canal y médium, que también se pueden aplicar en otras áreas de tu vida (por ejemplo, ayudar a otros con estas facultades).

6. Concienciar a la sociedad sobre el más allá y la comunicación de un alma a otra con los seres queridos fallecidos.

Pregunté:

—¿Cuáles son otras razones por las que un alma planea perder a uno de sus padres a una edad temprana y luego ser criada por un padre material y otro espiritual?

—Si es principalmente el plan del padre que se queda, perder a la pareja y pasar por esa experiencia, el alma del niño puede querer estar allí para ayudar al padre vivo, para confortarlo y apoyarlo —respondió Jeshua—. Puede haber una participación en vidas pasadas que haya creado amor en el alma del niño por el padre vivo, y el alma puede querer expresarlo de esta manera. La presencia del niño puede ser un factor importante para que el padre que queda siga adelante y encuentre una razón para vivir.

»Otra razón puede ser el desarrollo de cualidades internas como la madurez, el valor, la empatía y la resistencia a una edad temprana. A menudo, los niños que eligen esto quieren enfrentarse a ciertos temas a una edad temprana porque desean avanzar con todas sus fuerzas. Perder al padre o a la madre a una edad temprana los diferenciará de sus compañeros, y los obligará a adentrarse en aguas emocionales profundas desde el principio. Aunque puede ser muy duro, la sabiduría y la experiencia vital adquiridas suelen afectar positivamente a sus trayectorias vitales, según los criterios de cada alma. Cuando un niño es criado por un padre que está en contacto consciente con el progenitor fallecido, esto le ofrecerá una perspectiva mucho más amplia de lo habitual y le permitirá familiarizarse con un nivel profundo de amor y gracia. Si el niño siente al progenitor, a menudo tendrá fuertes habilidades intuitivas y las aplicará más tarde en su entorno o en las relaciones con los demás.

»A veces el alma quiere ser un puente entre el padre vivo y el fallecido. En algunos casos, el niño es más sensible a la presencia del padre fallecido y puede abrir el corazón y la mente del padre vivo para comunicarse. Podría tener impresiones intuitivas, visiones, o sentir mensajes del progenitor. Si el progenitor vivo está abierto a ello, puede empezar a recibir también mensajes y señales. Así que, de esa manera, el niño inicia la conexión entre los dos padres.

—Jeshua, cuando alguien pierde a su pareja, ¿cómo puede saber si esta lo está ayudando a criar al niño? —pregunté.

—Principalmente, lo sabe porque siente a la pareja a su alrededor, percibe su presencia y se siente reconfortado, animado y apoyado. Ahora bien, muchas personas dudan de su capacidad para percibir energías o presencias más allá de lo físico. Están educadas para ser escépticas al respecto. Su sistema de enseñanza no reconoce la intuición como una valiosa fuente de información y la trivializa como «simple imaginación». Así que, para la mayoría de los padres, el mayor reto es confiar en su intuición y en la información que les llega.

»Aquí voy a hacer una distinción entre emoción e intuición que puede ser útil. Hay una diferencia entre querer, anhelar, desear que tu pareja esté contigo, por un lado, y sentir que está ahí, por otro. En el primer caso, no hay paz interior. Sientes un profundo dolor y te lamentas. Echas de menos a tu pareja y te sientes solo y vacío por dentro. En este estado es muy difícil entrar en contacto. La emoción te impide sentir el nivel de amor y unidad en el que puedes encontrarte con tu ser querido. Esa emoción en sí es comprensible e inevitable durante algún tiempo.

»Sentir la presencia de tu pareja no es algo que se parezca a una emoción. Va acompañada de una profunda tranquilidad, de una quietud. Es la sensación de elevarte a una vibración superior, aunque sea brevemente. Un destello de luz, esperanza y tranquilidad toca tu corazón. Te sientes aliviado, como si te quitaras un peso de encima. Sientes alegría, a pesar de que esté mezclada con tristeza. Si tienes alguna de estas sensaciones, sabes que tu pareja te está tocando a nivel del alma.

»Puedes reconocer que tu pareja está ahí para ayudarte con la crianza de tu hijo si, cuando te ocupas de cuestiones relacionadas con él, tienes a menudo la sensación de que se encuentra cerca de ti de una manera cariñosa y tranquila. También podría ser que cuando te preocupas o dudas sobre lo que debes hacer, se te ocurra de repente una forma diferente de ver las cosas o simplemente la convicción de que, pase lo que pase, todo va a salir bien. Quizá no sientas que tu pareja te diga nada, pero esta energía alentadora proviene de ella.

»Además de esto —continuó Jeshua—, observa a tu hijo y pregúntale, sin darle mucha importancia al asunto ni presionarlo, si siente algo, si ha soñado con su padre o su madre, o si siente una conexión con ellos. El niño podría ser más intuitivo (menos influenciado por el sistema educativo) que tú. Puedes animarlo a hablar de sus sensaciones y explicarle que es normal estar en contacto con un alma más allá de lo físico.

»El siguiente paso es confiar en tus sensaciones. Si sientes que tu pareja está cerca o a veces piensas en ella intensamente sin una razón, salúdala de corazón; reconócela. Pregunta si hay algo que quiere que sepas, y espera. No creas que la respuesta tiene que ser verbal; tal vez te llegue como un sentimiento o un destello repentino de intuición más adelante ese mismo día. Para conectar con el fallecido, debes familiarizarte con otro tipo de comunicación: a través de imágenes, sentimientos, revelaciones repentinas...

»Es mejor que la interacción sea breve, ligera y jovial. Si empiezas a presionar para obtener respuestas, tu mente interferirá y acabarás decepcionado porque pensarás que te lo has inventado todo.

»La mente no es capaz de recibir este tipo sutil de información. *Debes trabajar a través del centro de los sentimientos: tu corazón.* La mente puede ayudar a descifrar la información y ponerla en palabras, pero la percepción real de la energía ocurre en un nivel diferente. No es el nivel del pensamiento ni el emocional. Es el nivel de la intuición, el de «sentir en silencio» o «simplemente saber».

»En general —concluyó Jeshua—, a vuestra sociedad le beneficiaría enormemente que la comunicación a nivel del corazón y la intuición fueran reconocidas como una fuente de información real y valiosa. No hace falta tener poderes especiales para conectar con los seres queridos fallecidos.

»Todas las personas podrían tener una comunicación de corazón a corazón con sus seres queridos de forma sencilla y clara, si se les enseñara cómo hacerlo y si las fuerzas dominantes de la sociedad tuvieran una mentalidad más abierta al respecto. De hecho, si confías en tu intuición y no cedes a las voces escépticas de tu cabeza, estarás ayudando a cambiar la consciencia colectiva y a crear un espacio para que se vuelva a reconocer el nivel del corazón.

—Jeshua —dije—, algunas personas que lean este capítulo quizá crean, después de reflexionar sobre tus palabras, que ellas no son parte de esta crianza interdimensional, que realmente su pareja se ha ido y que están solas para criar a sus hijos. ¿Qué puedes decir para proporcionar consuelo, sanación y la comprensión de que lo que está sucediendo es para el mayor bien de todos?

—A decir verdad, nadie a quien amas se ha ido realmente —respondió—. El amor es la mayor fuerza del universo, y siempre que hayas amado a alguien, estarás conectado a él, tanto si vive en la Tierra como en otro lugar. Las leyes del tiempo y del espacio, del nacimiento y de la muerte, no pueden separar las almas, nunca. Es esencial que te des cuenta de ello. Únicamente cuando te sientes separado del poder unificador del amor, cuando te invaden la soledad y el agotamiento, puede parecerte que estás solo. Pero no lo estás. Aunque tu pareja fallecida no participe en la crianza conjunta del niño, habrá guías altamente evolucionados y amorosos a tu lado.

»Cuando estás atravesando una crisis, un proceso de duelo intenso, la ayuda del otro lado se multiplica y te llueven el amor y la gracia. Podrías pensar que no sientes nada, pero tengo que decir que eres tú quien le cierra la puerta. *Hay* ayuda disponible. Es muy comprensible que te cierres temporalmente al amor y a la ayuda, porque si te sientes traumatizado por algo, en este caso la muerte prematura de tu pareja, te resistes a lo ocurrido y no puedes aceptarlo. Este rechazo te dice que lo que ha sucedido no puede haber ocurrido por buenas razones. Te parece mal, y no vas a dejar que esa idea desaparezca durante un tiempo. Esta es la fase más difícil de cualquier proceso de duelo. No es la pena en sí, sino la resistencia añadida a lo que te ocurre, lo que hace que sea difícil de soportar.

»Quiero decir —añadió— que para un padre que ha perdido a su pareja, el amor y el apoyo de que dispone es *el mismo* tanto si su pareja participa en la crianza de su hijo desde el más allá como si no.

—¿Por qué el padre del otro lado no se involucra? —pregunté.

—Puede haber varias razones —respondió Jeshua—. En primer lugar, necesitan centrarse más en su propia curación emocional o en sus asuntos no resueltos y son guiados a emprender un viaje interior de despertar en el otro lado. Su corazón seguirá conectado contigo y con tu hijo; ese vínculo es eterno. Pero no participarán en el nivel de la vida cotidiana como lo hace un padre interdimensional.

»En segundo lugar, pueden ser llamados a entrar en otra encarnación porque eso quizá sirva mejor al propósito de su alma. De nuevo, esto no significa que la conexión se rompa, porque en el nivel del alma una encarnación es como un rayo de luz que sale del sol (el alma), fluyendo hacia abajo en una porción particular del espacio-tiempo en la Tierra. El alma sigue estando presente y disponible para el padre y el hijo que permanecen en la Tierra, pero la implicación está en un nivel superior, que puede parecer más distante. Sin embargo, en esencia, sigue siendo amor.

»En tercer lugar, por varias razones puede que tu alma y la de ellos no estén de acuerdo en participar en la crianza interdimensional. Estas razones no tienen por qué ser negativas en absoluto; se trata de decisiones que se toman. Si tu pareja fallecida no participa en la crianza conjunta del niño, no es un signo de fracaso. No significa que haya algo malo o que alguien haya hecho algo mal. Por favor, no lo veas así. La intrincada red de relaciones entre las almas y los acontecimientos del universo es mucho más sutil y profunda de lo que permitiría un juicio tan simple. Puedes estar seguro de que recibes el tipo de ayuda que necesitas y que se adapta mejor a tus circunstancias.

Después de haber transmitido todas mis preguntas a Jeshua y sus respuestas a mí, Pamela retomó su propio interrogatorio.

—¿Es posible —preguntó— que un progenitor esté involucrado en la crianza interdimensional y que la pareja y el niño en la Tierra lo ignoren por completo? ¿Puede la crianza desde el otro lado seguir funcionando y ser eficaz en esa situación?

—Sí, puede —respondió Jeshua—. Esto ocurre, y si lo hace, el padre o la madre y el hijo en la Tierra reciben mensajes y energías curativas, pero no los experimentan conscientemente. No obstante, pueden recibir energía del otro lado sin saberlo, y esta puede afectarlos positivamente.

—Porque esto es esencialmente lo que sucede en la relación entre un ser humano y los guías personales, ¿verdad? —preguntó Pamela—. La mayoría de la gente no es consciente de sus guías, pero sigue habiendo una «relación de trabajo», ¿no es así?

—Exactamente.

—Pero ¿significa eso que la gente puede ser influenciada contra su voluntad por sus guías o por sus compañeros fallecidos?

Jeshua matizó:

—Es más sutil que eso. Todos los seres humanos tienen libre albedrío y crean su propia realidad. Lo que crees profundamente que es verdad creará una serie de experiencias para ti. Si un guía o cualquier otra persona te ofrecen algo que va en contra de una creencia muy arraigada en ti, no conseguirán llegar a tu corazón. Por lo tanto, si estás convencido de que eres indigno, es posible que su amor no te llegue por completo. Sin embargo, las personas son seres de múltiples capas. Puedes estar amargado y desesperado a nivel consciente, pero seguir teniendo un profundo e «irracional» sentimiento de esperanza y fe en tu interior. Los guías espirituales o los seres queridos fallecidos son capaces de acceder a esa capa más profunda e infundirle la energía de la esperanza y la confianza, *reforzando lo que ya está ahí*. Eso es lo que harán los padres interdimensionales cuando los seres queridos en la Tierra no les respondan conscientemente. Reforzarán las semillas de luz que ya están durmiendo en su interior, haciéndolas así más accesibles a su consciencia cotidiana tan pronto como lo elijan.

—Así que, básicamente —resumió Pamela—, nunca puedes saber con certeza si tu pareja fallecida *no* está presente contigo compartiendo la crianza de tu hijo, porque aunque no lo percibas, podría estar ahí sin que lo sepas.

—Sí, es cierto —confirmó Jeshua—. Pero no te hagas un problema con eso. Hay dos posibilidades. O bien tienes sentimientos e intuiciones claras sobre tu pareja, en cuyo caso hay una conexión consciente, o bien no los tienes, en cuyo caso puede que aun así estén participando en la crianza interdimensional.

»No siempre es necesario que entres en comunicación consciente. Pregúntate a ti misma: «¿Me siento atraída a explorar esto? ¿Siento deseos de desarrollar mis habilidades intuitivas, tal vez de aprender más sobre la detección de energías y la comunicación con el otro lado?». Sigue tu inspiración natural y tu sentido de lo que es correcto para ti. Una vez más, si tu pareja está involucrada desde el otro lado y no eres consciente de ello, no es una señal de que estés fallando o haciendo algo mal. Para algunos será realmente beneficioso y satisfactorio desarrollar sus facultades de comunicación intuitiva. Pero si no te sientes capaz de hacerlo o si no te atrae, habrá otras formas de beneficiarte de la conexión. Puedes trabajar directamente en soltar las creencias basadas en el miedo o simplemente centrarte en amarte y cuidarte más. De ese modo, las energías positivas de tu pareja te llegarán a niveles que están más allá de la consciencia despierta.

Tras esto, dijo Pamela, Jeshua da un paso atrás y Jorge se acerca una vez más.

—Jorge —pregunté—, ¿qué más puedes decir para ayudar a la gente que ha perdido a su pareja y que aparentemente está criando a sus hijos en soledad a comprender el significado espiritual más profundo y el propósito de la crianza interdimensional?

—La relación entre parejas que están separadas por la frontera física de la muerte puede seguir siendo muy profunda y gratificante —respondió Jorge—. Es totalmente diferente a compartir tu vida físicamente con alguien. Debido a la ausencia física, el énfasis se desplaza naturalmente al nivel del alma, que es el más esencial.

Lo mismo ocurre con la relación con el niño. La relación de amor entre los dos miembros de la pareja y entre la pareja fallecida y el niño sigue evolucionando y creciendo, y todos los implicados pueden crecer a una velocidad mayor debido a los profundos e intensos sentimientos implicados.

Le pedí a Jorge que me hablara de algunos momentos concretos en los que ayudó a Alexa a criar a Luca desde el otro lado.

—Estoy ayudando tanto a Alexa como a Luca de diferentes maneras. A menudo me acerco a Luca con mucha calidez y alegría. Quiero apoyarlo para que mantenga su corazón abierto y no absorba demasiado el dolor de Alexa. Los niños viven más en el ahora y pueden afrontar el proceso de duelo de forma más ligera. Sin embargo, los niños sensibles pueden absorber la tristeza del padre que ha sobrevivido de forma muy profunda. Intento evitarle esto a Luca haciéndole saber que estoy vivo y enviándole alegría.

»Juego con él cuando sueña por la noche, igual que harían un padre y un hijo en el reino físico. Nos divertimos juntos. Por un momento sentimos la despreocupación de pasar un buen rato y no pensar en el futuro. Esto me emociona mucho y es curativo para mi alma también.

»Estoy con Alexa a menudo. Estoy detrás de ella en mi cuerpo energético. La envuelvo con mi amor y cuidado y envío energía cálida a sus hombros, espalda y pecho. Conecto con ella de corazón a corazón desde el centro de mi pecho al suyo. A veces siento en ella resistencia porque está alterada y pierde la fe. Lo entiendo. Es humano.

»Trato de animar a Alexa con respecto a Luca y energéticamente le hago sentir que puede confiar en él y en su propia fuerza y sus dones. Ella se sentiría mejor si se preocupara menos y dejara de lado la necesidad de controlar las cosas. «Por favor, no veas a Luca como una víctima —le digo—. Es fuerte y poderoso y puede convertirse en la estrella radiante que lleva dentro, a pesar de haber perdido a su padre tan joven. Puede lograrlo».

—Jorge, ¿cómo puede saber Alexa si le estás diciendo algo? ¿Cómo puede contactar conscientemente contigo?

—Alexa, confía en tus sentimientos. Tienes una poderosa intuición; vuelve a confiar en ella. Siente también la pena, la rabia y la resistencia. Está bien. Es parte de la vida y del proceso. Pero, en momentos de silencio, cuando estés cansada y agobiada por estas emociones, quédate muy tranquila y escucha los susurros de tu corazón. Tu corazón te hablará y te dirá lo que debes hacer. Un nuevo camino se abrirá para ti y para Luca, y yo estaré a tu lado para apoyaros. ¿Cómo sabes cuándo estoy contigo? Puedes reconocerlo a través de lo que sientes. Si vuelves a sentir esperanza, si puedes ver las cosas desde una perspectiva más ligera, cuando te sientes menos pesada y triste, entonces es que nuestro canal de comunicación está abierto.

Jeshua se adelantó para añadir algo a la sabiduría de Jorge:

—La clave para comunicarse con un ser querido fallecido es encontrar un espacio tranquilo en tu interior, donde no estés ni en tu mente ni muy emocionado. Ahí es donde reside la intuición. Se trata de un lugar natural en el que no es necesario ser vidente. Lo que ayuda a encontrar este espacio interior es pasar tiempo a solas en la naturaleza o en un lugar que te tranquilice y empezar a sentirte cómodo contigo mismo y con tus emociones. Solo cuando te enfrentes a tus emociones y las aceptes podrás alcanzar un estado de paz y entrega. Este es el estado en el que tu corazón se abre para recibir mensajes del más allá.

A continuación, Pamela ofreció sus reflexiones para Alexa:

—Déjate arrastrar por las emociones intensas —aconsejó—. No las reprimas, es necesario sentirlas. Pero ten en cuenta que al final la emoción termina, y entonces se producen unos instantes de silencio en los que te rindes porque estás agotada. Es en esos momentos cuando Jorge puede llegar a ti. Para él lo primordial es enviarte amor. Por eso es tan importante que te deleites en sentir esa energía amorosa antes de hacer preguntas. En notar la presencia de Jorge y acostumbrarte a la sensación que te produce ahora. Una vez que hayas creado esa base, podrás empezar a hacerle preguntas breves o pedirle que te transmita un solo mensaje claro. Es fundamental dejar que esta comunicación se desarrolle desde los sentimientos en lugar de avanzar rápidamente a un nivel mental.

»También es importante que veas a Jorge como un ser humano. No creas que ya lo sabe todo, por el hecho de estar al otro lado. Es verdad que su perspectiva es mucho más amplia, lo mismo que sus conocimientos, pero sigue siendo el mismo ser humano que conociste en la Tierra. Háblale así, como a un amigo y compañero, y pregúntale de vez en cuando cómo puedes *ayudarlo*, ya que su lucha aún no ha terminado. —Finamente Pamela concluyó—: Por más que te abrume la tristeza, acuérdate de los buenos momentos y consérvalos en tu corazón. Descubrirás que todavía podéis divertiros juntos cuando os conectéis desde el otro lado, que podéis reír a carcajadas contando chistes o anécdotas divertidas. Cuando ese sentido del humor vuelve a aparecer en vuestra conexión, sabéis que esta es real porque esa energía alegre y ligera forma parte de vuestras dos almas. Es una energía que os ha atraído el uno al otro en incontables ocasiones.

Regresión del alma entre vidas de Alexa

Mi conversación con Jeshua, Jorge y Pamela fue enormemente reconfortante y útil, y me dio muchas pistas sobre por qué Alexa, Jorge y Luca habían creado un plan de vida tan complicado. Para saber más sobre lo que planearon y por qué, Alexa y yo hicimos una regresión del alma entre vidas (RAEV).

Llevé a Alexa a través de los pasos habituales de relajación física y mental y luego la parte de vidas pasadas de la RAEV. Mientras dejaba su cuerpo en la escena de la muerte en la vida pasada, la dirigí para que cruzara al otro lado.

—¿Qué estás experimentando? —le pregunté.

—Veo la luz plateada de las estrellas —comenzó—. Abajo hay círculos de nubes que son como un océano. Siento que estoy flotando sobre una nube y me elevo. Ahora veo un árbol sin hojas, un tronco fino con los colores del arcoíris. Contemplo formas nebulosas de figuras que parecen ángeles: vestidos amarillos y rostros sin definir. Son varios. Avanzan hacia mí y extienden sus manos.

»Uno de ellos tiene un rostro muy hermoso, ojos profundos, el cabello castaño. Es una figura masculina que me sonríe y me dice: «No tengas miedo. Soy uno de tus ángeles». Siento que es [el arcángel] Gabriel.

—Dile a Gabriel que nos gustaría hacer algunas preguntas sobre tu plan de vida con Jorge y Luca —le indiqué—. Pídele que te acompañe al Consejo de Ancianos para que podamos hacer esas preguntas. Luego, cuéntame lo que ocurre a continuación.

—Veo una escalera. Jorge está de pie en el lado izquierdo. Gabriel está en el lado derecho, ofreciéndome su mano. La escalera se abre a un agujero en el cielo. A través de él contemplo el cielo y las estrellas. Utilizo la escalera. Gabriel flota junto a mí y Jorge está en lo alto de la escalera.

—¿Qué impresión te produce volver a ver a Jorge? —pregunté.

—*¡Está hermoso!* Sonriente y luminoso, con una mirada paciente y compasiva.

—Pídeles a Jorge y a Gabriel que te acompañen al Consejo de Ancianos. Y describe con detalle todo lo que veas y experimentes.

—Ahora estoy de pie en el centro [de una habitación]. Observada por hermosos rostros blancos, rodeada de tonos azules. El suelo es de mármol. Hay una chimenea. Es como un anfiteatro. Hay escalones a los lados. El ser que tengo más cerca es una mujer bellísima con mucho amor en su mirada. Tiene un bastón con una estrella en una mano y una bola dorada en la otra. Desde el sitio en el que me encuentro y hasta los lugares en los que están sentados hay un color rojizo, blanco y anaranjado, y a partir de ahí la luz es violeta y azulada, y todo está rodeado de estrellas.

—¿Cuántos miembros del Consejo hay?

—Seis. Uno detrás de mí, dos a mi izquierda, una dama frente a mí y otros dos a mi derecha.

—Pregunta si esa mujer es la portavoz del Consejo.

—Sí.

—¿Cómo se llama?

—Andrómeda. Recibo de ella una energía femenina muy amorosa.

A continuación, Alexa y yo empezamos a hablar alternativamente: yo la incitaba a hacer ciertas preguntas a Andrómeda y ella me repetía las respuestas que escuchaba en su mente.

Alexa: ¿Qué mensaje tiene el Consejo para mí?

Andrómeda: Sé luminosa. Sé clara. Eres valiente por estar aquí. Hónrate a ti misma. Eres bienvenida a este lugar.

Entendí la primera parte de la respuesta de Andrómeda como un recordatorio para Alexa de quién es realmente: luz clara. Todo ser humano está literalmente hecho de luz divina comprimida en un cuerpo físico. Aquí, el Consejo estaba pidiendo a Alexa que recordara su verdadera naturaleza y brillara.

Alexa: ¿Cuál es mi plan para mi vida actual?

Andrómeda:	Ser tú misma, hablar, ayudar, servir, ser feliz y tener un conocimiento más profundo y extenso de las relaciones que forman el mundo, se extienden a través de los continentes y entretejen a la humanidad.
Alexa:	¿Planificamos Jorge, Luca y yo, antes de nacer, que Jorge regresara cuando lo hizo, poco después del nacimiento de Luca?
Andrómeda:	Sí, lo hicisteis, porque su lugar es donde está ahora. Desde ahí vela por ti y por Luca.
Alexa:	¿Por qué creamos este plan?
Andrómeda:	Para llegar más lejos, para tener una experiencia más profunda en esta vida, para que Luca estuviera conectado a la luz.

—Veo la cabeza de Luca y una esfera de luz brillante justo sobre ella —me dijo Alexa mientras describía la imagen que el Consejo le estaba mostrando—. Es la oportunidad de que se conecte a una luz superior en esta vida.

Le pregunté a Alexa qué preguntas le gustaría hacer al Consejo.

Alexa:	Me gustaría saber, de nuevo, por qué planeamos esto.

—Veo un bosque —dijo Alexa mientras el Consejo colocaba una nueva imagen en su mente—. Siento que llevar a Luca a la naturaleza y sensibilizarlo a todo lo que nos rodea (el agua, el aire, el susurro de los árboles, las nubes desde donde su padre lo mira) penetra en él en forma de luz y le hace apreciar la Presencia que siempre está aquí.

»Ahora estoy sentada en una gran roca junto a un río, peinándome, me veo reflejada en el río que atraviesa el tiempo y enjuaga mis lágrimas. Es una corriente serena, plateada y hermosa. Es el río del tiempo. Jorge está a nuestro lado, vestido como un caballero. Emana una energía dorada y rojiza, muy protectora y masculina. Él es como un sol, y yo soy como un río, que fluye lentamente. En mitad del bosque bañado de luz salta Luca como un pequeño elfo. Así es como se supone que debe ser: tres energías diferentes que coexisten en planos distintos.

Alexa: ¿De qué otras maneras está Jorge conmigo y con Luca?

Andrómeda: Le habla a Luca a través de libros e historias. Se comunica con él mediante el envío de otras presencias masculinas que apoyan la energía masculina del niño. Lo espera en las aventuras. Siempre estará ahí para protegerlo.

Sabiendo que el Consejo suele traer a un ser querido que ha vuelto al otro lado, le sugerí a Alexa que les preguntara si podía hablar directamente con Jorge. Nada más pedirlo, apareció Jorge. Entonces le pedí a Alexa que hiciera ciertas preguntas.

Alexa: [Con tristeza]. ¿Por qué era tan urgente marcharse tan pronto? ¿Qué te hizo irte?

Jorge: No sucedió tan rápido. Esperé a ser padre durante mucho tiempo. Cuando por fin lo fui, llegó el momento de seguir adelante.

Alexa: ¿De qué manera me has ayudado a criar a Luca?

Jorge: En tu casa. Hice construir esa casa para ti. Te proporcioné este lugar. Llené el espacio de energía para que vivieras allí. Por la noche cuido a Luca. Por eso su sueño es tan profundo y nunca le da miedo la oscuridad. Guío sus pasos. Lo protejo.

Alexa: Jorge, ¿qué te gustaría que supieran otras personas que han perdido a su pareja y que sienten que están criando a sus hijos solas?

Jorge: [Llorando]. Que no están solas en absoluto, porque nosotros [sus parejas] siempre estamos ahí, velando por ellas con un amor tan profundo que no desaparece nunca y protegiendo de verdad a los niños.

Alexa: ¿Cómo pueden esas personas sentir la presencia de su pareja y saber que participan en la crianza del niño?

Jorge: [Prendiendo] una vela por la noche. Sentándose, relajándose y escuchando en su interior lo que les dice su pareja. Tal vez podrían poner algunos objetos del «fallecido» en un paño, un pequeño altar frente a ellos. Se trata simplemente de sentir. De dejarse llevar. Hay muchísimas cosas que son mensajes de los seres queridos que abandonaron esta vía.

Alexa: ¿Qué más puedes decirle a alguien que aún sufre la pérdida de su pareja para ayudarlo a entender o reconfortarlo?

Jorge: Que crea en el plan. Y que sentir la conexión con algo superior, con algo que está en otro plano, lo ayudará a dejar de sentirse una víctima, a dejar de sentirse tan solo y como si le hubieran arrancado el corazón. El corazón sigue ahí, entero. Es importante saberlo y centrarse en mantener la entereza.

Alexa: ¿Qué puede decirle a su hijo el padre que aún está en un cuerpo para ayudarlo a entender lo que ha sucedido?

Jorge: Que crea en la conexión y que la busque en sus sueños. Que se sienta seguro, porque el padre vela por él. Por la noche, que bese la frente del niño y le diga: «Tu padre o tu madre están contigo y te llevarán a un hermoso viaje».

Alexa: [Llorando]. ¿Por qué no puedo oírte con más claridad? Creo que por el mero hecho de sentarme y querer hablar contigo, debería ser capaz de hacerlo, pero no lo soy. Me siento fracasada.

Jorge: Tengo paciencia para esperarte y seguir acompañándote en esta práctica, porque el tiempo no importa. Tenemos mucho tiempo por delante.

Alexa: Jorge, ¿me quieres?

Jorge: *Muchísimo.*

Alexa: ¿Estás contento con la forma en que estoy criando a Luca?

Jorge: Luca es un niño juguetón, brillante, dorado. Si es así como los dos vemos a Luca, entonces no debes dudar, ni preguntarme, porque los dos vemos a Dios [en Luca] a través de los mismos ojos amorosos de los padres. Luca está muy, muy bien.

Durante toda la conversación era palpable el gran amor de Jorge por Alexa y Luca. Me dio la impresión de que él ya había expresado todo lo que sentía; por eso, le pedí a Alexa que volviera a centrarse en Andrómeda y el Consejo.

Alexa: ¿En qué parte de mi ciclo de vidas me encuentro? ¿Estoy utilizando todo lo que he aprendido en vidas pasadas, o hay [más] conocimiento o sabiduría que debería utilizar?

Andrómeda: Has recorrido un largo camino. Ya has estado muchas veces aquí frente a nosotros. Puedes sentirte segura en esta tarea y confiar en tu capacidad para llevarla a cabo con sabiduría y luz, sin errar y sin abrumarte por la experiencia cargada de dolor que te ha tocado. En realidad, la pena es una esfera luminosa de sabiduría.

Al decir estas palabras, Andrómeda se adelantó y le entregó a Alexa la esfera de luz que llevaba en la mano. Alexa comenzó a llorar otra vez.

Andrómeda: Este es tu regalo: la sabiduría dorada del Consejo.

Alexa: ¿Qué hay en el futuro para mí? ¿Hay un hombre?

Andrómeda: El propio Jorge está abriendo el camino. Puedes elegir entre diferentes opciones.

Alexa: Gracias por todos los regalos recibidos. Por tanta luz y tanta belleza.

—Alexa —dije—, me gustaría que antes de terminar les pidieras a Andrómeda y al Consejo una sanación energética que funcione a nivel físico, emocional, mental y espiritual. Quiero que establezcas una intención de recibir la energía curativa plenamente en todos los niveles. Descríbeme lo que ves y sientes.

—Siento que estoy en el centro del círculo y que estos seres extienden sus manos hacia mí. Percibo una luz dorada, un halo alrededor de mi cabeza. Me siento envuelta en muchas capas de luz, luz amarilla que me cubre, luz anaranjada dentro de mi cuerpo, luz roja que se refleja en mi piel. El primer nivel a mi alrededor lo siento azul, morado y verde. Noto una energía amarilla muy especial en el pecho que cubre todo el torso. Alrededor se extiende una capa blanca, como una túnica, que cubre las capas de color. Veo los largos cuerpos blancos del Consejo enviándome luz y cargándome de ella. Veo a los demás seres que están alrededor con miradas llenas de amor y sonrisas en los labios: mi abuela, los ángeles y Jorge. Sigo recibiendo esta hermosa y amorosa energía que me ilumina por dentro y me llena de hermosos colores y alegría por la vida. Estas capas de luz y color se extenderán una vez que regrese a la Tierra.

»Me pusieron una estrella en la frente que me guiará por la vida y nunca me abandonará, jamás se apagará. Me brindará claridad. Me guiará en los momentos difíciles e iluminará los momentos hermosos.

»Ahora los miembros del Consejo bajan los brazos y me piden que me envuelva en mi túnica blanca. Bajo la cabeza en señal de respeto y cierro las manos frente a mi corazón. Les agradezco profundamente que estén a mi lado en este momento tan especial de mi vida. Gracias.

—Alexa —dije—, ahora que empezamos a salir del elevado reino de tu mente alma y de esta hermosa existencia en el mundo espiritual entre tus vidas en la Tierra, quiero que recuerdes que este mundo amoroso está siempre contigo. Todo lo que hemos hablado —todos tus pensamientos, tus recuerdos y tus percepciones— lo retendrás, y eso te ayudará y te dará poder para completar el resto de tu vida actual con energía y propósito renovados.

»Y cuando me oigas contar del uno al diez, tu cuerpo y tu mente volverán a ser totalmente conscientes, te sentirás como si acabaras de despertar de un sueño muy reparador. Alerta y despierta. La curación, la comprensión y el buen trabajo que has realizado hoy quedarán grabados en tu mente superconsciente y se reflejarán a partir de este día en tus decisiones, en tus acciones y en el concepto que tienes de ti misma. Abrirás los ojos totalmente despierta cuando me oigas pronunciar el número diez. Y recordarás todo a medida que tu conocimiento eterno se fusione más completamente con los recuerdos conscientes.

A continuación, conté lentamente del uno al diez, tras lo cual hice una pausa para dar a Alexa tiempo para orientarse y conectarse con la tierra.

—¿Qué impresión te ha causado la experiencia? —pregunté cuando sentí que había vuelto.

—¡Asombrosa! ¡Muy profunda! —exclamó—. Fue muy hermoso. Estaba completamente fuera del tiempo y del espacio. Cuando reconocí que había estado allí antes, mi mente racional se apartó y admitió que aquello estaba ocurriendo de verdad a nivel espiritual. Era tan real, y tan olvidado, y al mismo tiempo tan conocido...

—¿Cómo fue la conversación con Jorge?

—Recibí mensajes muy claros que me sorprendieron y que definitivamente no forman parte de mi consciencia normal.

—¿Cómo te sientes?

—Me siento reconfortada y reafirmada. Sin duda seré bastante más fuerte con todo ese amor en el corazón y la estrella en la frente. Caminaré con firmeza. Esto es mucho más que perder a un marido, tirar las cenizas al mar y seguir con la vida. Sé que hay mucho más que aprender, y quiero aprender de forma consciente.

෩෨

Hay que tener en cuenta la enorme e inefable grandeza de los planes de vida de Alexa, Jorge y Luca, así como su extraordinaria valentía.

Estos tres seres eternos e infinitos comprimen una parte de su energía en cuerpos físicos. Renuncian a la comunicación telepática instantánea por la relativa lentitud de la palabra hablada. Abandonan un reino intemporal para progresar en el tiempo lineal. Cambian los cuerpos espirituales eternos por formas físicas mortales. Renuncian al Amor Divino que sintieron en la unión del Hogar por la separación percibida de la Tierra. Como si estos desafíos no fueran suficientes, añaden a esta mezcla el plan de vida de la crianza interdimensional. Solo el más fuerte de los seres tendría el valor de emprender tal esfuerzo. Solo la más valiente de las almas se atrevería a adentrarse aquí. Cuando somos conscientes de todo esto entendemos que Alexa, Jorge y Luca no son víctimas, pues ¿qué podría victimizar a almas tan poderosas? Esta comprensión es una de las claves para el cumplimiento de sus planes de vida. Así lo aconsejó Jeshua cuando dijo: «Es importante que Alexa reconozca la grandeza de su alma [la de Luca] y no lo vea como una víctima de un destino terrible». Jorge se hace eco de esta idea cuando se dirige a Alexa: «Por favor, no pienses que Luca es una víctima. Es fuerte y poderoso, y capaz de convertirse en la estrella radiante que lleva dentro, a pesar de haber perdido a su padre siendo tan joven». Para Alexa, ver a Luca como una víctima sería negar su majestuosidad como alma y desempoderarlo energéticamente. Por el contrario, cuando Alexa llega a ver la luz interior de Luca, llama energéticamente a ambos para que recuerden su magnificencia innata.

Tan bello como estas tres almas es el propio acto de la crianza interdimensional. En apariencia, Luca se ha quedado sin padre. Sin embargo, como nos dijo Jorge, el hilo energético entre el padre no físico y el hijo permanece intacto. Jorge siente cuándo Luca está triste o tiene miedo y lo necesita; entonces está instantáneamente a su lado. En el plano físico, muy pocas cosas son lo que parecen. Todos los niños que «perdieron» a un padre, todas las personas que «perdieron» a su pareja y, de hecho, todas las que han pisado la faz del planeta, son amadas y apoyadas desde el otro lado con una fuerza sin medida que va más allá de nuestra comprensión actual.

Alexa es sabia y lo entiende, y también Luca, a medida que vaya creciendo, llegará a saber que no existe la menor separación entre él y Jorge. Ella le dice a su hijo: «Mira los pájaros, la luz en el árbol, [o escucha] el viento... Tu padre está ahí». Sus palabras son mucho más que un mero sentimiento reconfortante; son absolutamente ciertas. En el Universo hay un solo ser y no hay separación entre ninguna de las innumerables formas que asume ese ser. Jorge se encuentra en cada brisa, gota de lluvia y grano de arena. La ola nunca se separa del mar; el rayo de sol nunca se separa del sol.

Con plena conciencia de esta verdad, Jorge nos dice que «muchas, muchísimas cosas son mensajes de los seres queridos». Esa pluma o esa hoja especial que «casualmente» se cruza en tu camino, esa nube que «por casualidad» tiene la forma de un corazón, ese pájaro o animal particular que aparece cuando piensas en un ser querido «fallecido»…, todos son el Ser Único manifestándose a otra parte de su consciencia.

Y así como nuestros seres queridos crean una comunicación externa con nosotros de diversas maneras, también nos hablan internamente en numerosas formas. Como dijo Jeshua: «Para conectar con el fallecido, debes familiarizarte con un tipo de comunicación diferente: a través de imágenes, sentimientos, revelaciones repentinas…». También puede haber imágenes con palabras o palabras sin imágenes. Los sentimientos y sensaciones enviados por el ser querido que se encuentra en el otro lado pueden arrastrar a su compañero encarnado de una manera más o menos sutil o poderosa, pero en ambos casos sabrá que eso que está sintiendo no ha salido de sí mismo. Se producen revelaciones repentinas, que son descargas de información y nos hacen saber cosas sin que sepamos cómo las sabemos. La voluntad de aceptar este conocimiento sin aferrarse a la comprensión intelectual es un acto de confianza, y la confianza, a su vez, es una fuente de luz. La luz contiene información, incluida la preciada orientación que nos ofrece el compañero en espíritu sobre cómo criar a los amados hijos.

Jeshua se refirió a esta verdad cuando dijo que las percepciones vienen a través del «no saber». Las creencias fijas y las estructuras de pensamiento rígidas son como las interferencias entre las dimensiones, que constriñen o incluso llegan a cortar el flujo de sabiduría al compañero que permanece en el cuerpo. Hace falta autoconciencia para reconocer tales creencias o estructuras de pensamiento; se requiere valor para desmantelarlas o liberarlas. Esa autoconciencia y ese coraje pueden ser especialmente útiles en la crianza interdimensional. Nuestras creencias crean nuestra realidad. Como dijo Jeshua: «Si estás convencido de que eres indigno, es posible que su amor [el de la pareja en transición] no te llegue por completo». Sin embargo, incluso en ese caso la pareja no física puede reforzar las «semillas de luz» –esperanza, fe y confianza– ya presentes en la pareja que aún está en el cuerpo. Si has perdido a tu amado y temes criar a un hijo o hijos «solo», elige ahora plantar esas semillas de luz dentro de ti. Decide creer que eres un hijo sagrado de la Fuente o de Dios, como prefieras llamarlo, una criatura digna de todo el amor y todo el apoyo por ser quien eres.

CAPÍTULO 4

CRISO

Soltería

Aproximadamente el diez por ciento de la población mundial no contrae nunca matrimonio. Independientemente de si uno se casa o mantiene una relación a largo plazo, muchos seguirán pasando una gran parte de su vida solos y sin una relación comprometida. A menudo, las personas llevan a cabo una búsqueda intensiva de una pareja romántica, sin encontrar a nadie o, como mínimo, sin encontrar a alguien con la facilidad o la rapidez que preferirían. «¿Podría ser —me pregunté— que ser soltero sea una experiencia planificada antes de nacer? Si es así, ¿por qué razones eligen las almas tener esta experiencia?».

Para responder a estas preguntas, hablé con Cathy, que ha permanecido soltera y sin relación sentimental durante la mayor parte de su vida. Al hablar con el Espíritu y después de realizar una regresión del alma entre vidas con Cathy, supe que había planificado estar sin pareja como un *desafío secundario*, una experiencia que previó y eligió antes de nacer porque engendraría *desafíos primarios*: decir no a la negatividad en las relaciones románticas y sí a amarse a sí misma. Aunque quizá Cathy sintió en algún momento que había fracasado por no ser capaz de sostener una relación a largo plazo, lo cierto es que había tenido un éxito espectacular al decir no con una actitud amorosa a la negatividad y al darse la oportunidad de abrir su corazón a sí misma.

Cathy

En el momento de nuestra conversación, Cathy tenía sesenta años y se definía a sí misma como practicante holística [sanadora] en la práctica privada y profesional del *marketing* multinivel. Propietaria de un centro de artes curativas, Cathy vive en una zona hermosa, boscosa y semirrural, que es como «vivir en un campamento de verano», en sus propias palabras.

—Hay un hermoso lago cerca. Paso parte de los días en el lago. Me llena el corazón de paz y belleza.

—Cathy, de tus sesenta años en la Tierra, ¿cuántos de la edad adulta estuviste en una relación sentimental? —pregunté.

—Muy pocos.

—En los años que estuviste soltera, ¿deseabas tener una relación?

—Durante bastante tiempo sí. Pasé tiempo buscando a alguien. En retrospectiva, creo que intentaba encajar en un modelo convencional de pareja en lugar de ser consciente de mi propio proceso y de reconocer mis capacidades y quién era.

La primera relación seria de Cathy fue con Curt, un novio de la universidad con el que se casó a los veinte años. Se sintió atraída por su encanto y su capacidad para liderar y pensar de forma innovadora. Gran parte de su relación entre ellos y con los amigos giraba en torno a la bebida y las drogas.

—Nos divertíamos muchísimo y hacíamos locuras —recuerda Cathy—. Lo que no vi fue el alcoholismo. Con el tiempo, me di cuenta de que no era una relación sana. La capa de drogas y la niebla del alcohol eran demasiado espesas. Yo era joven. ¿Qué sabía yo de la construcción de una relación y del crecimiento personal? Creo que al dejar esa relación, salvé mi vida. Nos distanciamos mucho en nuestros corazones.

»Curt acabó volviéndose a casar, y tuvo un hijo. La noche en que nació el bebé tuve un sueño. No estábamos en contacto en absoluto, pero soñé con la llegada del bebé. En el sueño Curt vino a mí y me dijo: «He estado a punto de perder a mi mujer y a mi hijo». Más tarde descubrí que era cierto. El bebé nació con fibrosis quística y también con lo que llamaban «retraso mental». Vivió hasta los trece años y luego murió. Curt murió más tarde de alcoholismo y de una enfermedad asociada a la contaminación industrial.

»A lo largo de mi vida adulta, Curt se me ha aparecido en sueños. De hecho, hace una semana soñé con él. Me doy cuenta de que no está instalado en el plano etéreo. Necesita mi perdón. Está pidiendo que lo ayude y le perdone para avanzar y llegar al siguiente lugar en el que necesita estar.

Como pronto descubriría, Cathy tenía toda la razón al respecto.

Cuando su matrimonio con Curt terminó, Cathy regresó a su casa en Ohio y comenzó la siguiente fase de su vida. Ya no quería depender de una pareja que podría resultar abusiva o alcohólica, así que se dedicó a construir una seguridad financiera. Como ejecutiva de cuentas de una empresa de televisión por cable, vendía tiempo de publicidad y obtuvo unos ingresos considerables.

—Me cultivé como una mujer joven y empoderada —recuerda—. Era imperturbable e imparable, exitosa y atractiva, una fuerza que se hacía respetar.

Durante ese periodo, Cathy entabló una relación con Jim, el único hombre que, con la perspectiva que dan los años, cree que pudo haber sido una buena pareja a la larga.

—Podría haberme desafiado, haber añadido valor a mi vida, haberme influido para que creciera y comprendiera todo mi potencial, y también haber sido un apoyo y alguien a quien le habría podido corresponder plenamente —observó Cathy—. No me emparejé con él [a largo plazo] porque me faltaba madurez. Carecía de la capacidad o el conocimiento para hacer que una relación funcione, y debía resolver algunas cosas en mí misma. Así que no me quedé con él. A veces desearía haberlo hecho, pero también sé que habría tenido una vida muy diferente. Tal vez no hubiera hecho lo que ha sido mi propósito aquí.

—Entonces, en la veintena y la treintena —ese periodo antes de llegar a tu propósito—, durante el tiempo que estuviste soltera, ¿cómo te sentiste? —le pregunté.

—Bueno, me divertía muchísimo —se rio—. Cuando dejé a Curt, aprendí que para estar a salvo tenía que escapar. No me dediqué a aprender a desarrollar una relación ni a solucionar las cosas. Aprendí a cuidar de mí misma escapando. Así que eso es lo que hice durante mucho tiempo. Cuando cumplí los cuarenta fue cuando todo cambió en mi vida en cuanto a las relaciones.

Cathy decidió que una «carrera insaciable» no era lo que quería para el resto de su vida. Además, enfermó gravemente de mononucleosis, y esto lo aprovechó como un empujón para cambiar de rumbo. Le preguntó al Universo qué era lo siguiente que tenía que hacer y fue guiada a dejar su trabajo y asistir a la escuela de terapia de masaje. Tras graduarse, montó un consultorio con mucho éxito.

—Fue entonces cuando hice un gran trabajo de profundidad —prosiguió—. Y cuando sentí, más que en los veinte años anteriores, que realmente quería una relación de pareja para compartir la riqueza que estaba logrando. Pero ahora el juego era diferente porque la persona que buscaba era diferente, y realmente no la encontraba.

Aunque Cathy no encontraba una pareja encarnada de igual profundidad espiritual, el trabajo interior que estaba realizando le hizo recordar —y entrar en contacto con ella— una pareja de vidas anteriores que está en el reino no físico.

—Tomé conciencia de una pareja espiritual que había tenido. Un ser con el que creo haber estado durante quinientos o seiscientos años en diferentes vidas. Tengo recuerdos claros de una vida en la que ambos vivíamos juntos y éramos indígenas. Recuerdo que me parecía muy difícil que cualquier humano consiguiera estar a la altura de lo que yo conocía de esa relación.

Por medio de la comunicación telepática, este ser le dijo a Cathy que su nombre es Corazón de Estrella. Cuando Cathy tenía entre cuarenta y cincuenta años, Corazón de Estrella acudió a ella muchas veces. Sintió que él estaba allí para apoyarla y ayudarla a «tener coraje».

—Éramos indígenas norteamericanos [en una vida pasada] —relató—. Fue en la época en que los europeos nos invadieron. Yo era una curandera conectada con las tradiciones de la medicina herbaria. Corazón de Estrella y yo tuvimos tres hijos. Nos separaron [los europeos] y nuestros hijos fueron asesinados. A lo largo de toda esta vida actual Corazón de Estrella ha sido un apoyo que me ha ayudado a ejercer mi función como sanadora, mística, chamana y conectora de la comunidad.

Le pedí a Cathy que relatara una historia de un momento de su encarnación actual en el que Corazón de Estrella la apoyó.

—Estaba en un parque, una hermosa zona cerca del río que atraviesa el bosque, de cientos y cientos de hectáreas, una zona muy aislada. Era un día dedicado a la contemplación. Estaba haciendo una ceremonia. El cielo era de un azul cristalino. No había ni una nube en ninguna parte. Estaba rezando con el agua y la tierra y los elementos y mi pluma de águila. Sentí que Corazón de Estrella estaba presente. Cuando miré al cielo, ¡había una enorme nube vertical que tenía *exactamente* la forma de una pluma! Era evidente que se estaba mostrando a mí y formando parte de la ceremonia, apoyándome en mis oraciones y en mi trabajo.

Solo hay un ser en el universo, y cada uno de nosotros es una parte de él. Entendí la historia de Cathy como un bello ejemplo de una expresión individualizada de ese ser único (Corazón de Estrella) que imprime su consciencia a otra expresión individualizada del mismo ser («la nube»). De este modo, nuestros seres queridos del «otro lado» nos enviarán un determinado símbolo para hacernos saber que están aquí, siempre presentes en nuestras vidas, amándonos siempre. Los cuerpos perecen, pero los lazos de amor son eternos e inseparables.

Cathy me había dicho anteriormente que, aunque tuvo una relación durante algunos años en su vida actual, se sentía como si siempre hubiera estado soltera. Le pregunté por qué se sentía así.

—El primer o segundo año de una relación es «la la la la» —respondió riendo—. Es la luna de miel, la diversión. No hay profundidad. Así que, en términos de ser una persona con pareja... realmente nunca lo he sido.

—Entonces, en todos los años que has estado soltera, ¿ha habido un anhelo de profundidad?

—Sí —reconoció—. Lo que más echo de menos, lo que le falta a mi vida, es que cuando hay un conflicto en un matrimonio tienes que atrincherarte, hacer un trabajo de relación y construir tu músculo y tu habilidad ahí. Cuando hay un conflicto en una amistad, puedes ir a casa y tener una conversación más tarde. No es tan profundo porque no tienes que convivir con esa persona a diario. Echo de menos eso. Nunca lo tuve con mi familia de origen, y he tenido pocas circunstancias en mi vida en las que los amigos y yo hayamos llegado a trabajar a través del conflicto y el desafío.

Cuando Cathy tenía unos cuarenta años, volvió a casarse. El matrimonio con Michael duró un par de años. Descubrió que Michael aportaba a su vida alegría, ayuda y diversión, pero que era irresponsable.

—Era un tipo con gran corazón que simplemente no sabía cómo desenvolverse en el mundo.

Durante varios años, en la cincuentena, hizo un gran esfuerzo para encontrar una pareja. Estuvo activa en varios sitios de citas de Internet y tuvo muchas citas, pero nunca surgió una pareja. Le pregunté qué la motivó y cómo fue la experiencia.

—La sensación que tenía era: «Muy bien, si hay una pareja para mí, entonces voy a encontrarla». Había oído hablar de una mujer que tuvo ciento ocho citas antes de encontrar a su pareja. Luego conocí a gente que encontró el amor de su vida a través de las citas por Internet, así que pensé: «Déjame probar». Salí con hombres que a primera vista parecían ser los candidatos adecuados, como algunos con una gran religiosidad o que habían recorrido un camino espiritual. Al cabo de varios años, dije: «Ya está bien, estoy forzando un asunto que no me corresponde», y acepté que esta vida es para otras cosas. Quizá haya una época más adelante en la que eso ocurra. Nunca cierro la puerta del todo a las cosas.

—¿Cómo te sientes ahora con respecto a la soltería? —pregunté.

—Pues a decir verdad, Rob, desde que dejé el mundo de las citas tengo aceptación en mi corazón. Estoy totalmente en paz y a gusto con ello.

—¿Hay momentos en los que surge alguna dificultad y piensas: «¡Cómo me gustaría tener un compañero con el que hablar de esto!»?

—Sí, pero no me dejo llevar por ese sentimiento mucho tiempo porque no me ayuda. Eso se remonta a mi formación espiritual y a la disciplina de la ecuanimidad. Sé que ser feliz depende de mí.

—A mucha gente le preocupa envejecer o morir sola. ¿Tienes algún temor de ese tipo?

—Probablemente envejeceré sola. Probablemente moriré sin nadie a mi lado. No tengo ningún miedo, Rob. Simplemente no lo tengo. No hay lugar en mi vida para el miedo. ¿De qué sirve el miedo? Es lo contrario del amor. Significa que no confío en lo divino. Hago lo mejor que puedo cada día para mantenerme vibrante para que cuando envejezca esté en la mejor posición posible.

»Cuando buscamos una respuesta fuera de nosotros mismos o que alguien nos resuelva los problemas, no es ahí donde reside nuestra fuerza —añadió—. La felicidad, la tranquilidad y la paz no proceden de ahí. Tienen que salir de dentro. La misión de mi vida es encontrar eso.

Le pregunté a Cathy qué más le gustaría decir sobre la soltería.

—Me siento muy bendecida por tener mi camino espiritual. Lo divino está dentro. ¿Qué más se puede pedir? Llevo eso en mi corazón todo el tiempo, todos los días.

Sesión de Cathy con Aarón y la Madre Divina

Esperaba ansiosamente la sesión de Cathy con Aarón, un ser iluminado de inmenso amor y sabiduría canalizado por Bárbara. Aarón tiene acceso a los Registros Akáshicos, el registro espiritual completo de cada pensamiento, palabra y acción relevante para el plano terrestre, incluida la planificación prenatal. Lo que no había previsto es que también tendríamos una audiencia con una expresión de la Madre Divina. Como me explicó Bárbara, la Madre Divina es una mezcla de las consciencias femeninas más elevadas (Madre María, Quan Yin y otras) de nuestro universo. Nuestra sesión se realizó por videoconferencia.

—¡Tengo un teléfono en mitad de la cara! —anunció Aarón con una carcajada cuando Bárbara comenzó a canalizarlo y él tomó conciencia de su entorno. Me recordé a mí mismo que en el reino no físico en el que vive Aarón toda la comunicación es telepática. Para Aarón un teléfono es un instrumento extraño y ajeno—. Me alegro de conocerte, Cathy. Tengo las preguntas de Rob [por escrito] delante de mí. Solo tienes que mirarme un minuto para que nuestros campos de energía se conecten mejor.

Aarón se quedó en silencio mientras estudiaba la imagen de Cathy en la pantalla del ordenador de Barbara. Estaba observando el cuerpo físico de Cathy y los cuerpos etéricos que lo rodean, anotando los colores de su aura así como cualquier bloqueo energético que pudiera estar presente.

—Cathy, el plan de nacimiento es como la arquitectura de una casa. Tienes una idea para una hermosa mansión; sin embargo, las habitaciones laterales —la biblioteca, la sala de manualidades y el espléndido solárium— no son lo principal. Lo primordial es esa casa central que sostendrá tu vida. La casa central para ti, Cathy, y tal vez para mucha gente que termina sintiendo que no tiene lo que quería para su vida, es un plan del alma que abrirá tu corazón más profundamente a ti misma. En varias vidas pasadas, quien eras dependía de los elogios y el reconocimiento de los demás. Y por más que recibieras, nunca era suficiente. Si alguien te elogiaba, tenías la sensación de «no me lo merezco». Es una vertiente sutil de autonegación.

»En una de estas vidas, hubo una relación romántica en la que eras un hombre. Tú y tu esposa tuvisteis varios hijos. Como gran parte de la atención de ella se dedicaba al cuidado de los niños, te sentías poco querido. Cuando digo «tú», me refiero a ese ancestro kármico del pasado.

»Los niños te querían. Tu esposa te amaba. Pero empezaste a tener una amante tras otra, sin amarlas de verdad, pero esperando conseguir de alguna manera el amor que buscabas, que no podías aceptar de tu esposa e hijos. No trataste mal a tu esposa y tus hijos, a excepción de las aventuras extramatrimoniales. Les hablabas con cariño. Pasabas tiempo con tus hijos. Ellos te adoraban, pero no era suficiente porque no podías amarte plenamente a ti mismo.

»En una segunda vida pasada fuiste —llamémoslo en términos actuales— un político. Eras el líder de una pequeña nación, pero querías más. Deseabas más territorio, más gente que te adorara, más gente que estuviera bajo tu control porque necesitabas algo que te fortaleciera. Nunca lo conseguiste en esa vida.

»Estas son solo dos de las numerosas vidas en las que quien fuiste no logró abrirse realmente con amor a sí mismo. Retrocedamos un paso más, Cathy. En una vida muy temprana antes de las que hemos mencionado, eras una niña. Tus padres te insultaban. Tu padre abusaba sexualmente de ti. Llegaste a esa vida no por haber elegido específicamente que abusaran de ti, sino para aprender a rechazar el maltrato. Pero, como no podías decir no, surgió mucha ira y te culpaste a ti misma. Era imposible decir «es su culpa; no debería haberme violado» porque la niña que eras necesitaba que la quisieran, y la única forma que conocía de ser amada era mostrarse sumisa. Cuando eras sumisa sentías que te querían, o al menos no te atacaban. De manera que descargaste la ira contra ti misma.

»En el caso de muchas personas que no consiguen entablar una relación duradera —continuó Aarón— existe un problema de autonegación. Esta negación proviene, al menos en parte, de una vida pasada de abusos en la que descargaron sobre sí mismos la rabia que no eran capaces de soportar. [Al decir *soportar*, Aarón se refería a *tener presente*]. Por eso, la ira se convirtió en una espina enconada en el corazón. No se permitían enfadarse con alguien porque lo consideraban muy peligroso. Si buscamos algunas de las causas de la incapacidad actual para amarnos del todo tal y como somos y aceptar lo que sentimos sin juzgarnos, a menudo descubriremos abusos en alguna vida pasada; no siempre, pero sí con frecuencia. Por lo tanto, uno llega a una vida sabiendo que este es el núcleo de la estructura, la casa. La intención es aprender a amarse y aceptarse, lo que significa aceptar la propia tristeza, el propio miedo, la propia rabia —lo que sea que surja— sin juzgar esas emociones con un «no, no debería sentir eso».

»Como esta era la intención más elevada en esta vida [actual], había un deseo de amor, un anhelo de una profunda intimidad, Cathy. Pero como te costaba tanto aceptarte plenamente, amarte de verdad a ti misma, también te costaba aceptar el amor de los demás y, por lo tanto, no se podía invitar a esa energía amorosa, a esa pareja sentimental. La pareja podría haber estado allí. No quiero que te culpes y digas: «Yo lo causé». Se trata simplemente del fluir del karma, Cathy, pero para sanar el karma es por lo que estás aquí. No es demasiado tarde para que encuentres una relación profunda e íntima; sin embargo, el primer paso es aprender a estar de verdad presente contigo misma, a amarte y a comprender qué es lo que te bloquea habitualmente para quererte.

»Pasaré a la siguiente pregunta —continuó Aarón—. Si hubieras elegido casarte con Jim, ¿qué habría pasado? Creo que te habrías distanciado de él porque te habría amado y tú te habrías sentido indigna de ese amor.

»En cierto momento pudo haber conflicto entre vosotros porque no podías aceptar su profundo deseo de dar, de querer, y para ti no era seguro permitirte sentirte querida. Si hubieras podido aprender a conseguir eso en ese momento, probablemente la relación habría prosperado; pero en el punto en el que te encontrabas entonces, era imposible que saliera adelante.

A continuación, Aarón abordó mi pregunta sobre Corazón de Estrella, el alma gemela de Cathy.

—¿Qué es un alma gemela? —preguntó—. Un alma gemela es, literalmente, esa esencia de la consciencia que eres, que nace conjuntamente [de la Fuente] como un gemelo idéntico que sale del vientre materno que ha compartido contigo durante nueve meses. Tú y tu alma gemela irrumpís juntas en la consciencia con la intención de apoyaros la una a la otra eternamente: a veces nacéis juntas, a veces no. No hay necesariamente una sola alma gemela. Puede haber varias.

»Simplemente, Corazón de Estrella te ama, Cathy, y quiere ayudarte a apoyar la intención de tu alma. Él está aquí para ayudarte a aceptar lo que sientes. Cuando estás con Corazón de Estrella, te sientes amada. ¿Puedes permitirte sentir ese amor?

»Cathy, hay una entidad que Barbara incorpora [encarna] que llamamos la Madre. La Madre es una expresión elevada de la Madre Divina y todos sus diferentes aspectos. Aparece en el aspecto más adecuado para la persona con la que estamos hablando. La Madre está aquí conmigo desde hace unos minutos. Dice que le gustaría incorporarse y pasar unos momentos mirándote a los ojos. Quiero que observes lo que ocurre. Sentirás el amor que viene de ella, estoy seguro. Pero creo que también sentirás cierta resistencia. Si es así, quisiera que respiraras y te mantuvieras abierta. Pregúntate: «¿Qué significaría aceptar plenamente este amor, saber que no se cuestiona si lo merezco o no? Este amor me pertenece. Viene a mí simplemente por ser quien soy». Comprueba si puedes permitirte sentirlo. Si no puedes, no pasa nada. Observa lo que ocurre en tu cuerpo. ¿Lo rechazas? ¿Notas alguna sensación de resistencia?

Como ya había experimentado antes el *darshan* con la Madre Divina, sabía lo que iba a suceder. Cuando me encontré con Ella, apenas dijo nada, se limitó a mirarme a través de los ojos de Bárbara con una intensidad de amor y adoración como nunca antes había experimentado en mi vida. Este amor puro y envolvente fluyó hacia mí y a mi alrededor, rodeándome y abrazándome.

Permanecimos en silencio durante unos momentos mientras la consciencia de Aarón se apartaba y la Madre Divina comenzaba a utilizar el cuerpo de Bárbara.

—Querida mía, te amo—comenzó la Madre Divina, hablándole suavemente a Cathy—. Te amo incondicionalmente. —Ahora miraba a Cathy con la misma adoración intensa y genuina que yo había experimentado con ella—. No puedo sostener tus manos [en una videoconferencia], pero extiendo mis brazos hacia ti y hacia Rob. Sois una chispa de Dios. Sois radiantes. Como con todos los humanos, ha habido distorsiones, es decir, uno u otro aspecto de ti misma ha hecho algún daño, pero eres radiante y hermosa. Si trabajas en tu jardín y te ensucias las manos, ¿te las cortas? Te las lavas. Sabes que debajo de esa suciedad hay unas manos perfectas y limpias. ¿Por qué te cortas el amor que sientes por ti misma? ¿Por qué te cuesta tanto darte cuenta de lo radiante que eres y de lo mucho que eres querida, eternamente querida? Creo que es tan difícil para ti permitirte ser plenamente amada y amarte a ti misma, Cathy, porque tienes miedo de lo que se espera de ti si se te quiere tanto.

—Esta vida he trabajado en el amor, en el resplandor, en entenderme como la luz divina radiante —respondió Cathy—, y escuchar esto me hace sentir que me he estado mintiendo o que he estado viviendo una farsa. —Al decirlo comenzó a toser con fuerza.

La Madre Divina la tranquilizó:

—En absoluto. Has hecho un trabajo muy profundo, pero siempre hay capas, capas y capas. Las más profundas suelen ser tan dolorosas que es difícil llegar a ellas. Hay dos vidas [que quiero comentar], Cathy. Una es la vida de la que habló Aarón, en la que la niña sufrió abusos. La tos es, en parte, un recuerdo profundamente reprimido. La niña gritando mientras el padre se echaba sobre ella para violarla; el padre tapándole la boca con la mano, ahogándola incluso, para que no gritara. Esto no ocurrió una sola vez, sino infinidad de ellas. Entraba en tu cuarto por la noche. Te acechaba en el granero detrás de la casa. No había forma de escapar. Apenas eras una adolescente. Te inmovilizaba. Empezabas a gritar. Te asfixiaba, a veces casi hasta la inconsciencia, para sofocar los gritos. Esto es, en parte, la tos: abrir la garganta y expulsar la rabia. Una parte de la ira más profunda de cada ser humano ha quedado profundamente enterrada.

»La otra vida es la de la rabia contra ti misma. Eras una mujer y llevabas a tus tres hijos pequeños en una barca, un transbordador, para pasar el río. Había otras dos docenas de personas a bordo. Ese día la corriente era fuerte. El barquero perdió el control y la embarcación chocó con las rocas. Tú y otros muchos pasajeros caísteis al agua. Llevabas a tu bebé en un brazo e intentabas sujetar los brazos de tus otros dos hijos y mantenerte a flote. Nadie te ayudó. Sentías mucha rabia contra el barquero. Viste que era joven, inexperto y descuidado. Había un pesado cable que cruzaba el barco. El cable iba a una polea. Su trabajo consistía en mantener el barco en movimiento en línea recta, pero como se había desviado ejercía demasiada presión sobre el cable, y este acabó por romperse.

»Así que ahí estás en el río, ahogándote. Ya habías tenido que soltar a tus otros dos hijos, tratando de sostener al bebé por encima del agua con una mano, intentando mantener la cabeza a flote. Pero seguía sumergiéndose..., el agua llegaba a la garganta..., sentías rabia y miedo. Finalmente, lo único que pudiste hacer fue salvarte. Soltaste al bebé. No fue un acto consciente. Te estabas ahogando, y si te ahogabas, por supuesto, el bebé se ahogaría.

»Entonces alguien te sacó, pero los niños ya no estaban. No podías perdonarte el no haber conseguido salvar a tus hijos. En realidad, uno, el mayor, llegó a la orilla, pero no podías perdonarte.

Sentías una profunda rabia hacia ese muchacho que era el barquero y rabia hacia ti misma. El resto de tu vida fue un tormento.

—Aarón está pidiendo entrar y hablar —nos dijo la Madre Divina. Con eso, se hizo a un lado, y Aarón comenzó una vez más a hablar a través de Bárbara.

—El trabajo aquí, Cathy —dijo Aarón—, consiste en usar esto como una metáfora de todas las veces que este flujo de consciencia que eres ha sido incapaz de superar el daño que te hicieron. ¿Por dónde comienza el perdón? Todos los seres humanos se han encontrado con situaciones como esta. ¿Cómo nos perdonamos a nosotros mismos? Hasta que no podamos perdonarnos por el hecho de ser humanos, no podremos amarnos plenamente. Esto, Cathy, es la curación más profunda. Cuando consigues amarte plenamente de esa manera, te vuelves capaz no solo de aceptar el amor de los demás, sino también de invitar a una pareja profundamente amorosa porque puedes aceptar ese amor.

»Cathy, ¿entiendes lo que la Madre quiso decir cuando dijo que no te estás mintiendo a ti misma o viviendo una farsa? Tan solo te estás preparando para profundizar. Para el ser humano el lugar más profundo no es lo que hiciste a los demás a través de las emociones negativas o los miedos, sino el daño que todos nos hemos hecho unos a otros y encontrar la compasión por toda la experiencia humana, por todos los seres. Esto es lo que te lleva a conocer el alma despierta que realmente eres. Entonces vives desde ese estado de consciencia del despertar.

—Tengo una pregunta —dijo Cathy—. ¿Fue Curt, mi primer marido, el padre que abusó de mí en la vida pasada?

—Sí, lo fue. Y esta vez has sido capaz de decir «no más» de forma apropiada. Date mucho crédito por eso. ¿Entiendes cuánto amor propio hizo falta para poder decir no?

—Sí. ¿Y era Michael, mi segundo marido, el barquero?

—No lo era, pero bien podría haberlo sido. Entonces, ¿por qué te sentiste atraída por estos dos hombres? Porque tu intención en una encarnación es siempre, al menos en parte, la curación del karma pasado: en el caso de Curt, para ser capaz de decir no esta vez; en el caso de Michael, para no conformarte con una pareja que era irresponsable e inmadura. [Tu intención antes del nacimiento] era decir: «No me conformo con esto. Decido no limitarme, no negarme a mí misma, en esta vida». Podrías preguntarte por qué te sentiste atraída por él en primer lugar. Conociste a Michael en una vida pasada en la que era irresponsable. Teníais un pacto de alma según el cual, si os uníais en esta vida [la actual], él te ayudaría a ser capaz de decir que no y tú lo ayudarías a él diciéndoselo, y luego seguiríais adelante. No había intención de permanecer juntos a menos que cada uno de vosotros fuera capaz en ese momento de hacer realmente el trabajo que necesitabais hacer, pero eso era poco probable porque el ser humano necesita tiempo, incluso muchas vidas.

La descripción de Aarón de los planes de Cathy antes del nacimiento con Curt y Michael me recordó que pocas cosas en el plano terrestre son como parecen. En sus relaciones de la vida actual con estos hombres, ella se había sentido maltratada y no respetada. A veces había deseado que ninguno de ellos hubiera entrado en su vida. Sin embargo, la intención previa al nacimiento es siempre crecer de alguna manera, y tal intención requiere que otros jueguen el papel de catalizadores. Aunque son difíciles y a veces dolorosos, tales catalizadores se planean con gran sabiduría, amor y consideración por el bien más elevado de todos.

—Cathy —continuó Aarón—, quiero que te des cuenta de la sensación de ambos ahogos: el del agua del río, que te ahogó literalmente, y el del padre, que te llenó los pulmones de una sustancia extraña, que te ahogó figurativamente. Parte de esa sustancia extraña es la ira. Parte de esa tos era toda la rabia que has tragado a lo largo de muchas vidas y que quiere salir.

»El siguiente paso no es gritar y dar rienda suelta a la rabia de forma cruel. Se trata simplemente de reconocerla, inspirando, «he sentido una rabia intensa» y espirando, «acepto la rabia». La rabia ha surgido de las circunstancias. No me juzgo por ello. Ya no necesito retenerla en mí. La dejo salir. La exhalo.

Aquí, Aarón se refería al hecho de que los pensamientos y las emociones son causados por condiciones externas. Cuando estas desaparecen, también lo hacen los pensamientos y las emociones. Esta simple pero profunda toma de conciencia nos permite desidentificarnos de nuestros pensamientos y emociones. Es decir, ya no creemos que *seamos* nuestros pensamientos y emociones; más bien, se trata de algo que tenemos, de algo que llevamos con nosotros. Con solo esperar, pasan a través de nosotros sin necesidad de expresarlos o ponerlos en práctica.

—Cathy, si no sabes qué hacer con ella, simplemente di: «Madre, Aarón, por favor, quitadme un poco de esta ira. Es un tormento. Os la entrego». Tu amigo, Corazón de Estrella, te ayudará. Corazón de Estrella no solo es tu alma gemela, sino que también es tu guía principal en esta vida. Así que pregúntale a él. Pregúntale a cualquier entidad amorosa.

—Aarón —intervine—, muchos de los lectores de este capítulo se sentirán solos, desgraciados y puede que incluso desesperados. Tal vez no entiendan por qué no encuentran pareja. Puede que vean la experiencia de vivir solos como un sufrimiento sin sentido. Quizás teman envejecer y morir sin nadie a su lado. ¿Qué les dirías para ayudarlos a ver el significado espiritual más profundo y el propósito de su experiencia?

—Queridos míos, sois amados. Siempre sois amados. Muchos os sentís indignos de ese amor. Curiosamente, la mayoría de las personas que permanecen solteras son almas muy viejas que son perfeccionistas consigo mismas. Tienen expectativas muy altas en lo referente a no tener emociones negativas, a no expresar negatividad. Cuando surge una emoción negativa por diversas circunstancias, se culpan a sí mismas. Esa autoculpabilización crea un blindaje a su alrededor. Mantiene a los demás a cierta distancia. El dolor es tan profundo que no pueden alcanzar el estado perfecto de amor bondadoso y compasivo constante hacia todos los seres, por lo que se condenan a sí mismos. Entonces, en lugar de formar una conexión con otro ser profundamente amoroso, forman una conexión con alguien que hace surgir la ira porque existe la intención [a nivel del alma] de encontrar compasión para sí mismos. Así que siguen invitando a ese [tipo de persona], en lugar de decir: «He terminado con esto. Soy amor. Soy amoroso, y sí, soy humano. Si piso un clavo, me pinchará y sentiré dolor. Si me ataca alguien, podría surgir la ira. Y no hay nada malo en que surja. Es muy natural, tan natural como el dolor en el pie. Forma parte de ser humano. La cuestión no es si ha surgido, sino si puedo utilizar este dolor como catalizador para la compasión [hacia mí mismo] en lugar de seguir juzgándome».

»A medida que esta vieja alma comienza a sentir más compasión por los pensamientos negativos que surgen en cualquier humano y deja de condenarse por su surgimiento, empieza a invitar a una vieja alma con un progreso similar con la que puede hacer el trabajo. Ya no hay necesidad de un catalizador para la ira y para, a continuación, juzgarse a sí mismo. Se desprende de ella. Así que les diría a todos los que están luchando que se pregunten a sí mismos: «¿En qué sentido no estoy todavía abierto del todo al amor, a un corazón verdaderamente amoroso y comprensivo?». Confiad en que sois un alma vieja que atraviesa una determinada fase de vuestro crecimiento.

»Algunos —continuó Aarón— habéis encontrado la compasión por vosotros mismos, pero seguís invitando a gente que no lo ha hecho, y entonces no queréis profundizar en una relación con ellos. ¿Por qué los invitáis? Quizás porque en algún nivel el corazón aún se siente demasiado tierno. Es difícil imaginar lo que es llegar a esa intimidad más profunda en la que el otro empezará a ver la negatividad que sigue surgiendo. ¿Qué pasa si ve que todavía me enfado, que todavía soy crítico? Existe el temor de que hasta que no lo veas claramente y encuentres compasión por ello en ti mismo, no puedes dejar que el otro lo vea.

»Pero, queridos míos, *podéis* hacerlo, y para eso habéis encarnado. Os digo a los que estáis solos y buscáis relaciones íntimas que *podéis hacerlo*. Que podéis aprender a amaros plenamente para invitar a una pareja amorosa. No estáis solos porque tengáis algo malo. Estáis solos porque aún no os amáis a vosotros mismos tan plenamente como pretendíais hacerlo en esta encarnación. Cuando os améis más, invitaréis a esa relación amorosa. Por favor, no toméis esto como otra razón para juzgaros: «Oh, he fallado. No amo lo suficiente». No es eso lo que estoy diciendo. Todos sois seres radiantes y hermosos, como ha dicho la Madre, Cathy. Podéis amar y aceptar el amor si dais un paso tras otro, más allá del riesgo de amar y de ser amado. Confiad en las posibilidades.

»Si, pese a todo esto, terminas sola, por favor confía en que tienes un plan de vida. Pregúntate a ti misma «¿qué hay de bueno en mí?» y no «¿qué hay de malo?», «¿cómo puedo desarrollar esto, no para convertirme en una persona mejor para que los demás me amen, sino simplemente porque aprovechar el amor de mi corazón es una delicia?».

Al eliminar el apego al resultado, Aarón estaba haciendo del proceso de desarrollo una experiencia más ligera y menos restringida, en la que el apoyo del Espíritu fluiría y se recibiría más fácilmente.

—En esta vida humana no todo gira en torno a las relaciones [sentimentales] —continuó—. ¿De qué manera das realmente alegría a los demás? ¿De qué manera sirves a otros? Algunos sois maestros. Otros cuidáis del cuerpo y de las emociones de la gente. Algunos sois agricultores que cuidáis la tierra o plantáis huertos. Otros tejéis telas, pintáis cuadros o creáis música. Valoraos por ello. La vida no tiene por qué consistir siempre en una relación. Me doy cuenta de que la queréis y de que os sentís solos, pero cuanto más os centréis en la alegría de vuestro corazón y en lo que dais, y cuanto más os apreciéis por ello, más os abriréis a la relación que estáis buscando.

»Te quiero —concluyó Aarón—. Camino contigo. He recorrido tu camino en muchas vidas, y conozco tu dolor. Ten presente que eres amada. Rob, lo dejo en tus manos ahora. ¿Responde eso adecuadamente a tu última pregunta?

—Sí, pero tengo otra —respondí—. ¿Cuáles son otras razones por las que la gente planea antes de nacer ser soltera durante gran parte de su vida o toda ella?

—En ocasiones no se trata de la curación del karma —respondió Aarón—. A veces es porque hay un enfoque más elevado; por ejemplo, alguien que se compromete profundamente con alguna actividad: las artes, la medicina, un camino religioso... Quizás haya una profunda aspiración de aprender que uno se basta a sí mismo y que no necesita un compañero para ser suficiente, que lo que uno aporta a la Tierra —como un ser humano radiante y único— bendice verdaderamente al planeta, igual que una semilla de un manzano, recogida por un pájaro, llevada a un campo fértil a cierta distancia y luego dejada caer, crece y florece en un nuevo manzano. Ese árbol deja caer sus manzanas y aparecen nuevas semillas. Cien años después, no solo hay un huerto allí, sino que hay huertos a dos kilómetros de distancia en todas las direcciones: todos empezaron a partir de esta única semilla. Algunas personas creen que no pueden hacerlo solas, pero vosotros sí. Vosotros sois la semilla, cada uno de vosotros, y podéis haber elegido como plan de nacimiento ser literalmente esa semilla que inicia el huerto en cualquier dirección que tome vuestra vida.

»Es posible que digas: «Pero Aarón, no soy médico ni artista. No soy una gran persona en ningún aspecto. Tan solo vivo tranquilamente mi vida». Eso es una semilla. Tal vez sea ayudar al discapacitado a cruzar la calle, o dar un paseo y sonreír a los niños pequeños y a tus vecinos y acariciar a los perros. Si sonríes a alguien por la calle, este sonreirá a la siguiente persona con la que se cruce, y eso se extenderá. El mero hecho de aportar tu energía amorosa es plantar semillas.

»Así que la intención aquí es comenzar a saber: «Soy suficiente. Soy esa semilla que puede iniciar un huerto, un huerto de bondad, de amor». Esta es una de las principales razones por las que la gente planea antes de nacer su soltería, para aprender que son suficientes.

—Aarón —dije—, la experiencia humana en la Tierra parece estar preparada para que la mayoría de nosotros quiera tener pareja. ¿Por qué es así? ¿Hay otros planetas en los que no esté establecido así?

—Es simplemente que sois mamíferos, Rob, un mamífero atraído por otro mamífero para tener relaciones sexuales. Pero hay otros planos de existencia —no quiero usar la palabra *planetas*— donde las personas —no los llamemos *personas*—, donde la consciencia individualizada no toma una forma específica. Puede moverse en muchas formas diferentes, fusionándose con muchos seres. Es una forma diferente de intimidad.

»Curiosamente, los seres que están evolucionados de esta manera pueden no estar todavía preparados para la forma individuada que requiere tanto valor. Están acostumbrados a experimentar sin separación.

Aarón se refería al hecho de que las limitaciones de los cinco sentidos humanos hacen que nos percibamos como individuos separados unos de otros. En realidad, somos uno con los demás y con todos los seres de la existencia.

—¿Qué ocurre cuando se pasa a la ilusión de la separación? El trabajo del ser humano consiste en experimentar la ilusión de la separación y, mediante un profundo despertar, superarla. La forma mamífera en la experiencia humana fuerza la ilusión de separación para que uno pueda abrir esa ilusión y, en cierto sentido, volver al punto de partida, cuando estaba en ese plano del ser sin el espejismo de la separación, pero ahora de una manera mucho más madura, habiendo experimentado esa ilusión y liberándose de ella en lugar de no haberla experimentado nunca.

»¿Cuál es el valor de sumergirnos en este espejismo y luego liberarnos de él? El acto de olvidar y luego recordar que todos somos uno conduce a un autoconocimiento más profundo. Si nunca experimentáramos otra cosa que la unidad, no entenderíamos ni apreciaríamos plenamente lo que es la unidad. La experiencia de la aparente separación, por muy ilusoria que sea, crea un contraste con la unidad que, a la larga, nos lleva a una comprensión mucho más profunda de ella. También crea sentimientos intensos, como la ansiedad y el miedo, que no pueden experimentarse fácilmente en un estado de unidad. Gran parte del crecimiento en el plano terrestre se produce a través de la experiencia de las emociones intensas y, en particular, de aprender a trabajar diestramente con ellas.

—Aarón —le pregunté—, al final de una vida, tras regresar al Espíritu, ¿cómo son nuestras relaciones con las personas que fueron nuestras parejas sentimentales cuando estábamos en el cuerpo?

—Depende. No hay una norma, Rob —nos dijo Aarón—. En realidad, se trata de una cuestión de cada alma. Es posible tener una relación profunda, muy amorosa y sentimental con un ser aquí [en la Tierra] y que, en el otro lado, aparte de un breve encuentro, no se produzca una verdadera conexión. Podría estar en un plano completamente diferente. Quizá te reciba cuando hagas la transición, si la hizo antes que tú, y te apoye en sus primeras etapas para luego pasar al plano en que este ser —no masculino ni femenino, sino andrógino— esté trabajando. También podría ser que se quedara muy cerca de ti y que hubiera una profunda intimidad que continuara en el otro lado.

»Podría ser alguien como Curt. Uno de sus aspectos era el del ser humano que fue abusivo en varias vidas y que está esforzándose por trascender el daño que hizo a los demás. Pero hay otro: el de alma profunda capaz de recibir amor y de amar. En el otro lado se podría establecer una relación muy cálida con él, en la que habría risas y lágrimas por lo ocurrido en esta vida. Probablemente no sería una amistad permanente, sino una decisión de continuar reuniéndose en vidas futuras mientras los beneficie a ambos. Incluso podría ser que Cathy estuviera dispuesta a encarnar y entrar en una relación o matrimonio con Curt en una vida futura en la que ella fuera, como lo es ahora, totalmente capaz de decir no al abuso, pero de una manera tan amorosa que lo ayude a él a superar su naturaleza abusiva, porque precisamente lo que hay de abusivo en él se debe a su incapacidad de quererse y querer a los demás. No estoy sugiriendo que eso vaya a ocurrir o que deba hacerlo. Tan solo que cabe esa posibilidad. Nunca se te forzará, Cathy —será por voluntad propia— y quizás tus guías te pidan que te plantees formar parte del equipo de apoyo de Curt [desempeñando ese papel en otra encarnación].

—Cathy, me gustaría sugerirte un libro llamado *Testimony of Light* [Testimonio de la luz], de Helen Greaves. Helen era una médium.

Su amiga le dijo: «Si me muero antes que tú, voy a venir a contarte cómo es [en el otro lado]», y lo hizo. El libro es muy útil para mucha gente.

»Así que depende de que haya una conexión de alma más profunda —concluyó Aarón—. Estaríais juntos si hubiera una razón para esa conexión. Pero plantéate esto: ¿con cuántas almas diferentes has estado en cientos o incluso miles de vidas? ¿Con quién estarás después de la transición? Puede ser algún cuerpo que no estaba encarnado en esta vida actual, probablemente Corazón de Estrella sería alguien muy cercano después de tu transición, Cathy, y del mismo modo yo estaré muy conectada con Bárbara cuando finalmente haga la transición.

»Cathy, confía en que a medida que el alma crezca, habrá una invitación a la relación más profunda. Esto sucederá, pero lo principal no es la relación más profunda. Lo que de verdad buscamos es el crecimiento del alma. Y por favor, piensa en la tos. Pregúntate a ti misma sin presionarte: «¿Qué tosía? ¿Qué quiere desprenderse de este cuerpo y de mi consciencia?».

Cathy preguntó entonces a Aarón si en vidas pasadas había tenido relaciones profundamente amorosas.

—Todos los seres las han tenido —le dijo él—. Cathy, imagínate, si quieres, simplemente irradiando luz. No hay una estructura sólida. Estás en un plano diferente del ser. Imagina un color para esa luz. Dime, ¿de qué color eres?

—Un azul plateado y brillante.

—Ahora, imagina que entras en un espacio en el que hay otros seres de luz, cada uno de los cuales emite su propio espectro de luz. Te atraen algunos colores —no tienen por qué ser como el tuyo— más que otros. Al otro lado de la habitación ves un hermoso color rosa plateado, y a pesar de todos los amarillos, verdes y lavandas, te sientes atraído por ese rosa plateado. Vuestros colores empiezan a bailar entre sí, de modo que el tuyo sigue siendo claro y vivo y el suyo también, pero en parte se juntan y hasta llegan a mezclarse. —Aquí Aarón estaba describiendo cómo en el reino no físico conservamos nuestra individualidad y al mismo tiempo fusionamos nuestra energía con la de otro—. Bailas esa danza durante unos momentos, y luego surge algo también muy hermoso y más púrpura, y a continuación un amarillo limón pálido que se unen a la danza. Pronto la habitación se llena de una convergencia de luces. Siente cómo te desprendes de la noción de «soy esto» [una energía específica] y simplemente te conviertes en la totalidad de la luz, fundiéndote con ella y sintiéndote totalmente apreciada, aceptada, amada y parte de todo ese torrente de luz. Y luego, poco a poco, atrae tu propia luz a medida que los demás comienzan a atraer la suya. Pero la luz que eres ahora está enriquecida. Ya no es solo ese azul plateado, sino que hay pequeños matices de rosa, amarillo, melocotón y lavanda, que no lo empañan, sino que lo realzan.

»Este fue un plano del ser en el que moraste durante mucho tiempo, Cathy, llegando a confiar en tu fuerza, en tu resplandor y en tu capacidad de acoger y dar a los demás. Entonces decidiste que era el momento de otra encarnación humana. Ya habías sido humana antes. «Voy a ver si puedo mantener ese sentido de la identidad y la capacidad de valorar lo que soy, de compartirlo, de no tener miedo a los demás, de ser capaz de decir no a la oscuridad de otros que se acercarán a mí con dolor». Así que volviste a la forma humana durante varias vidas.

A continuación, le hablé a Aarón de mi idea de que algunos planetas tienen hasta cinco géneros.

—¿Es eso cierto? —le pregunté—. Y si lo es, ¿cómo son las relaciones amorosas en un planeta así?

—En primer lugar, no son necesariamente monógamas —explicó—. No hay necesidad de monogamia porque uno sabe que uno mismo está en todo y que todo está en uno. En un planeta de consciencia avanzada como ese, no hay un sentido de un yo separado que necesita ser mejor o peor que, sino simplemente un profundo deseo de cada ser de apreciar y ser [apreciado].

»Sí, habrá diferentes géneros. No puedo ni siquiera empezar a explicarlos, solo puedo decir que hoy en día tenéis diferentes géneros: el masculino, el femenino, el masculino que se inclina hacia el femenino, el femenino que se inclina hacia el masculino. Y también al femenino y masculino que están muy equilibrados. Tenéis la consciencia masculina en el cuerpo femenino, la consciencia femenina en el cuerpo masculino. Tenéis muchos géneros, pero debido a la pesadez del cuerpo emocional humano (el cuerpo energético sutil que se encuentra justo fuera del cuerpo físico), todavía no habéis aprendido, en su mayor parte, a abrazar plenamente todos los demás géneros y a aceptar que todos ellos están también en vosotros; quizá no sean fuertes, ni dominantes, pero todos los géneros están en vosotros en algún momento.

»Por lo tanto, las relaciones en un planeta así estarán muy conectadas. Hay conexión en parejas, en tríos o formando grupos de cinco, de veinte... y no solo a nivel físico, sexual, sino también emocional. Os juntáis, os abrazáis, bailáis y, a veces, compartís mentalmente vuestros pensamientos, sin necesidad de llevar la razón ni de controlar, sino permaneciendo totalmente abiertos para que todas las ideas fluyan y se creen cosas nuevas. ¿Cómo se mezclan ideas (muy diferentes)? Sin tratar de imponer tu idea a nadie. Os unís, cada uno ve y absorbe por completo los pensamientos de los otros hasta que, al final, descansáis juntos en vuestra energía. Y de esta manera surge una nueva visión basada en todo lo que se ha aportado hasta entonces.

»Estas son civilizaciones muy avanzadas, seres que están mucho más allá del ego que causa separación. Sin embargo, como la

Tierra se está convirtiendo gradualmente en un clima de mayor densidad, es hacia ahí hacia donde se dirige esta. —Aarón se refería al hecho de que la Tierra fue durante muchos milenios un planeta de tercera densidad (tercera dimensión). Ahora está pasando por la cuarta densidad (la cuarta dimensión), tras lo cual se convertirá en un planeta de quinta densidad (quinta dimensión)—. Este avance de las ideas, esta fusión —en la que se sostienen los poderes propios, pero terminan fusionándose completamente con todo lo demás para explotar y convertirse en algo totalmente nuevo y radiante— es el destino al que se dirige la Tierra conforme hacemos la transición a una consciencia más elevada.

»Rob —continuó Aarón—, tu libro trata de la planificación prenatal de diferentes aspectos de las relaciones románticas. El concepto de relación romántica suele ser el de la intimidad de un ser humano con otro. No estoy pensando específicamente en una relación sexual, sino en una intimidad profunda, emocional y energética. Aunque esta es una de las formas de intimidad que el ser humano suele adoptar o buscar, recuerda que hay muchas otras formas de intimar. Si sientes que no has podido establecer la intimidad que buscas en esta vida, te pido que elijas un árbol de tu jardín o de un parque local y pases algún tiempo sentado junto a él. Abrázalo. Habla con él. Crea intimidad con ese árbol. Túmbate en la hierba, siente la tierra debajo de ti y permítete sentir la intimidad con la Tierra. Encuentra el elemento tierra en ti y piensa que tú mismo eres la Tierra y que eso es hermoso. A continuación, mira al cielo y, mientras respiras, sabe que eres el elemento aire. Si es posible, sumérgete en un cuerpo de agua dulce. Siente el agua a tu alrededor. Siéntela en tu cuerpo y conoce tu intimidad con el elemento agua. Siente el calor del sol y experiméntalo dentro de ti. Conoce su intimidad. Finalmente, siente la energía en todo lo que te rodea y en ti mismo. A lo largo de esta vida, invita gradualmente a una mayor intimidad contigo mismo y con los elementos que forman parte de ti. La intimidad con los elementos externos —olvidándote de lo «interno» y de lo «externo» y permitiendo que se fusionen— te brindará mucha alegría.

»El siguiente paso, que puede darse meses más tarde, cuando realmente puedas relajarte y disfrutar de esa intimidad con tu cuerpo y los elementos externos, es encontrar un amigo, no hace falta que sea una pareja o una posible pareja, simplemente un amigo que esté dispuesto a llevar a cabo el experimento contigo. Pídele que desarrolle cierta intimidad con los elementos de la misma manera que tú. Cuando ambos lo hayáis hecho, sentaos juntos. Comienza a sentir el elemento tierra no solo en ti sino también en él. Luego siente el elemento fuego en ti y en tu amigo, etc. Siente cualquier forma en la que suelas resistirte a compartir plenamente. Este ejercicio puede aportarte dos beneficios.

»En primer lugar, puede hacerte entender de qué forma te has mantenido separado de aquellos con quienes estableciste una relación. En segundo lugar, podría brindarte una gran sensación de paz por la profunda intimidad que ya tienes pero que no has sido capaz de ver hasta ahora porque te enfocabas en el deseo de *algo más* en lugar de centrarte en lo que tienes y en la alegría de que exista. Esto podría llevarte a una relación humana más íntima —o quizá no— y te brindará la inmensa alegría de experimentar esa intimidad.

»Hazlo con tu mascota. Es muy fácil intimar con una mascota. Deja que tu energía fluya entre tú y ella. Siente la alegría que eso te produce. Tienes una relación íntima; simplemente no es la humana. Sé que deseas la humana, pero reflexiona y siente el goce de la intimidad que ya existe. Construye sobre ella porque abrirá una puerta para permitir una intimidad humana más profunda.

»Asimismo, añadiría —dijo Aarón— que cada uno de vosotros tiene uno o más guías que os aman sin medida y que están ahí para apoyaros. Pedidnos ayuda. Queremos ayudaros a crecer en este plano, para apoyar la manifestación del plan de vuestra alma en esta existencia. Recordad que venís con numerosos planes, algunos con más prioridad que otros. Confiad en vuestras experiencias y permitíos avanzar hacia aquellos planes que tengan una mayor prioridad. Es muy natural que una relación amorosa forme parte de eso. Preguntaos qué bloquea una relación amorosa. Si de repente apareciera alguien que pareciera ser la pareja perfecta y amorosa para ti, ¿hay algo que pudiera bloquearla? Para muchos de vosotros, el bloqueo puede ser simplemente lo que yo llamo el lugar de «¿y si alguien lo descubre?»: si alguien descubre ese aspecto en lo más profundo de vuestro ser que no habéis querido o podido reconocer en vosotros mismos, esa parte de vosotros que a veces siente odio, miedo o codicia. «¿Qué pasa si ve que soy un desastre? ¿Podría seguir aparentando, por siempre, ser alguien estupendo, pero al que yo mismo considero un fraude? Tal vez sea mejor que le ponga freno a esta persona, que no la deje acercarse demasiado». Todos tenemos luces y sombras. El otro, cuando ve la sombra que hay en ti, puede ayudarte a sanarla, igual que tú puedes ayudarlo a sanar la suya. No tengas miedo de la sombra que hay en ti ni permitas que obstaculice tu relación. Simplemente mantén la intención de no hacer daño. Confía en que la luz que hay en ti es más fuerte que la sombra. Confía en tu capacidad para vivir en esa luz y para ayudar a tu pareja a vivir en la suya. Tú puedes hacerlo. Mis bendiciones y mi amor están contigo.

Después de que Cathy y yo expresáramos nuestra profunda gratitud a Bárbara, a Aarón y a la Madre Divina, le pedí a Cathy que se quedara al teléfono conmigo.

—¿Cómo estás? —le pregunté.

—¡Dios mío! —exclamó ella—. ¡He recibido una curación enorme de todos ellos! Y el hecho de que Curt fuera en otra vida el padre que abusó de mí, me quedó muy claro en cuanto lo dijo. Hacía tiempo que estaba golpeando mi puerta para que lo perdonara y lo liberara.

»De verdad siento mucha paz. Y la sensación de haberme desprendido de algo a lo que estuve aferrada mucho tiempo. ¡Me siento tan ligera, Rob! ¡Tan diferente! Es como si un río fluyera en mi interior por donde nunca lo había hecho.

»Él me dio mucho. ¿Sabes, Rob? Siempre he tenido eso en la garganta. Toso y carraspeo —siempre, desde siempre— y no sabía a qué se debía. Pero ahora me siento despejada.

Regresión del alma entre vidas de Cathy

Aarón y la Madre Divina nos habían proporcionado una gran cantidad de información sobre las intenciones del alma de Cathy en su vida actual. Para ver qué más podíamos aprender, realicé una RAEV con ella. Comencé la sesión con mi oración habitual:

—Queridos Padre/Madre Dios, guías espirituales de Cathy, ángeles guías, Yo Superior y todo lo que hay de amor y luz en el Universo. Gracias por acompañarnos hoy aquí en la regresión del alma entre vidas de Cathy. Os pedimos humildemente que bendigáis, guieis y facilitéis nuestra sesión. Que nos ayudéis a recibir la información, la sanación, la comprensión, la expansión de la consciencia y otros resultados que beneficiarán a Cathy y a quienes lean su historia. Os damos las gracias por bendecir y guiar nuestra sesión. Amén.

Después de llevar a Cathy a través de las partes de relajación física y mental de la inducción hipnótica, la guie hasta una vida anterior.

—Estoy en el exterior —anunció cuando empezó a ver la vida pasada—. En plena naturaleza. Es de día y siento la presencia de otros seres cerca de mí. Tengo la parte inferior de las piernas desnuda y llevo encima una tela blanca, una especie de vestido antiguo sin mangas ni forma. Es solo algo que me envuelve, como una túnica o un manto luminoso. Soy una mujer. Me siento como una entidad espiritual en una escena que da la impresión de estar sucediendo antes del tiempo, al principio de la creación. Parece una representación de mi esencia, una expresión arquetípica de mí misma. Mis cabellos son abundantes. De color castaño con reflejos dorados. Tengo una naturaleza etérea.

»Ahora estoy en un árbol y la luz del sol se filtra a través de las hojas. Es como si por todas partes bullera la energía. Es una sensación muy vibrante. Veo el verde brillante y los tonos grises de los troncos de los árboles, y el camino que se abre bajo ellos tiene una terrosidad de verdes y marrones y musgo y rocas en el bosque.

»Desciendo flotando del árbol por la pura atracción magnética de mi corazón. Soy consciente de luces que aparecen a mi alrededor como haces del corazón. Hay otros seres aquí que apenas tienen forma o figura, sino luz. Estoy en la Tierra, en un tiempo tan remoto que la vida tal como la conocemos aún no ha aparecido.

»Estamos en un claro del bosque, y la luz de todos nosotros es increíblemente hermosa. Maravillosa. Es una luz brillante, radiante, clara, pero también iridiscente. Mi sensación es que no hay nada que hacer sino tan solo existir como amor puro. Simplemente, ser luz.

—Cathy, quiero que confíes en que tu alma y tus guías espirituales te están mostrando esta escena por algún motivo —le indiqué—. ¿Qué es importante que sepas o entiendas sobre la escena que se te está mostrando? Confía en que conoces la respuesta.

—La luz que soy en mi vida actual surgió hace una infinidad de tiempo; ha habido muchísima evolución desde entonces y siempre ha estado en mí. Mi presencia ha sido la de alguien que sostiene y comparte la luz, alguien que inspira y da poder a otros con la luz.

Siempre ha sido así, desde el principio. Además, la escena está impregnada de una alegría inmensa, serena y desbordante. Se trata de una sensación que es, prácticamente, de éxtasis, pero con los pies bien asentados en la tierra, aunque parezca un sinsentido.

Cathy me dijo entonces que se sentía totalmente satisfecha con la escena. Le pedí que avanzara hacia el siguiente acontecimiento o situación significativos de esa misma vida pasada. Aunque las instrucciones son siempre permanecer en la misma vida pasada, aproximadamente el quince por ciento de las personas pasan a otra vida, y esto es justo lo que hizo Cathy. El Espíritu siempre le muestra a cada uno la visión que más le conviene ver y que es mejor para el bien superior.

—Ahora estoy en un caballo espiritual alado —me contó Cathy—. Estamos cabalgando sobre un arcoíris como una calzada, mirando a la Tierra. Es preciosa: océanos rebosantes de vida, montañas cubiertas de nieve. Estamos en Asia. Este viaje es una visión general; no vamos a aterrizar. Me muestra que he podido elegir dónde y cuándo venir [a la Tierra].

»Ahora estoy descendiendo sobre una tierra fría... América del Norte... Canadá. Estoy en la tierra. Soy una mujer indígena ataviada con un vestido de piel de becerro y botines de mocasín; también llevo mantas y envoltorios. Hay un poblado. Vivimos en armonía con la Tierra. Hay niños alrededor y ancianos.

—¿Se puede saber si tienes pareja? —pregunté.

—Sí, la tengo. Es mi Corazón de Estrella. Es poderoso, respetado, fuerte y hermoso. Vuela sobre la Tierra en su cuerpo físico, lo que significa que es rápido y atento. Es una persona de pocas palabras.

—¿Cómo es vuestra relación?

—Hay una sinergia. Yo soy la mujer sanadora que utiliza las hierbas y la medicina de la Tierra, que conocíamos entonces. Él es la contraparte masculina de eso, no en el sentido de ser un sanador, sino más bien de ser uno que sabe. Por lo tanto, entre nosotros no se cruzan palabras. No es así. Somos como zorros que corren juntos. Compartimos un saber.

—Deja que la escena se desarrolle espontáneamente —le pedí—. ¿Qué es lo que se muestra a continuación?

—Tenemos niños. Llevo un bebé en brazos. Hay otros pequeños. A veces van con él a aprender. A veces vienen conmigo. Los dos somos muy protectores. Somos gente de la tierra, pero también gente de la luz y del ser, tan cerca de ambos sin el revestimiento de sofisticación que nubla la vida moderna. Simplemente tenemos un flujo y un ritmo como el de una cascada dorada que desemboca en un lago de cristal: la pureza de la vida. Nos encargamos de enseñar a todos los niños, y lo mismo hacen los demás.

»Porto conmigo la luz que vimos en esa vida anterior a esta. La llevo tanto en la superficie como en el interior, en lo más hondo de mi ser. No vivimos de manera salvaje, sino pura. La sensación es extraordinariamente espiritual, terrenal y armoniosa a la vez. Estamos profundamente conectados con el corazón.

—Cathy, ¿qué es importante que sepas o entiendas de la escena que se te muestra?

—Esa riqueza está dentro de mí. Explica mi idealismo en mi vida actual, porque sé lo que es la vida pura y la he experimentado.

Dirigí a Cathy para que avanzara hacia el siguiente episodio significativo que el Espíritu quería mostrarle.

—Estoy en la Edad Media —dijo cuando empezó a ver una tercera vida pasada—. Es un lugar húmedo y mojado, frío y lúgubre. No me gusta nada. Veo edificios de piedra, campesinos en la tierra con atuendos mugrientos, trabajando. Veo gente borracha, desdentada, sucia... Se agarran de los pelos —¡es así de deprimente!— y se tiran al suelo. Veo mucha brutalidad, las personas se comportan como animales unos con otros. Impera el egoísmo más absoluto. Siento que no hay esperanza.

—Deja que la escena se desarrolle. ¿Qué sucede ahora?

Cathy se detuvo unos instantes para asimilar lo que el Espíritu le estaba mostrando.

—Me lapidan, por bruja, por intentar brindar luz y sanación al mundo. Eso no encaja aquí. Hay un grandísimo contraste entre las dos primeras vidas que hemos visto y el hecho de tratar de vivir durante este tiempo como un ser de luz, como una sanadora: no funcionó. Las mujeres son sometidas a escarnio y abuso. Yo intenté ayudar, sostener la luz para ellas y alentarlas con mi fuerza.

—¿Estás ahora en la escena de la lapidación? —pregunté.

—No, no quiero ir allí. Sé que ocurrió, pero lo estoy evitando.

—Quiero que vayas, pero sin entrar en el cuerpo. Tan solo flota sobre la escena. —Hacerlo así le permitiría a Cathy experimentar algo importante sin revivir realmente el trauma—. Deja que se produzca la lapidación. Voy a contar hasta tres, y a la cuenta de tres esa vida llegará a su fin. Uno..., dos... ¡y tres! Pedimos que se liberen y anulen todos los votos y promesas ligados a la vida pasada que acabamos de examinar y que ya no sirven.

»Acabas de morir y te alejas del cuerpo físico. Has pasado por esta experiencia muchas veces antes, y no sientes ningún dolor o malestar físico. Mientras te alejas del cuerpo, podrás seguir hablando conmigo y respondiendo a mis preguntas porque ahora estás en contacto con tu verdadero ser interior: tu alma. Siente cómo tu mente se expande hacia los niveles más elevados de tu ser. Mientras flotas hacia arriba alejándote del cuerpo y miras hacia abajo, quizás sientas una breve tristeza o remordimiento en este momento, pero tu espíritu ya ha pasado por esta experiencia antes, y pronto podrás volver a casa. ¿Dónde estás ahora en relación con el cuerpo?

—En cuanto dijiste que esa vida había terminado, salí volando —respondió Cathy—. Algunas de las palabras que pronunciaste me hicieron abrir el corazón, libre del sufrimiento y de la constricción de esa época. Así que estoy arriba. He vuelto al Espíritu. Mi entorno es bellísimo. Una luz blanca, suave y dorada. Todo lo que siento es paz, plena y rica. Amor.

—Cathy, ¿ves o sientes a otros seres allí contigo?

—Esta parte es la menos visual de todas. Se trata más de captar una esencia o una sensación, como cuando entras en una habitación y sientes la energía de diferentes personas. Es como esa sensación, pero quitando todo lo físico. Es solo ser consciente del otro. Y es como un universo, pero yo soy el centro porque esa es mi perspectiva. Así que, en cualquier dirección que mire, hay seres alrededor, como en una esfera gigante.

—Cathy, ahora estás en una dimensión en la que toda la comunicación es telepática. Quiero que envíes un mensaje telepático a estos seres, agradeciéndoles su presencia aquí hoy y que les pidas que se acerque aquel con quien más te beneficie hablar.

—Un gran ser de luz de la sabiduría y la verdad [se acerca] —me dijo—. Se trata de un «él», por llamarlo así. Él me refleja, muestra todo lo bueno [en mí] y dice:

Ser de luz: ¿Ves? ¿Te das cuenta de lo que siempre has sabido en tu corazón, querida mía? En todas tus vidas has tenido conciencia de tu luz. La has llevado intencionalmente a través de cada vida. Viste la del sufrimiento para saber algo que has experimentado en esta vida [la actual] también, pero en menor grado: que tu espíritu, tu esencia, es tu verdadero yo y es capaz de elevarse fácilmente por encima de cualquier sufrimiento terrenal. Ahora que estamos aquí y lo ves de esta manera, no lo olvides nunca. Ante cualquier dificultad que surja, ¡jamás lo olvides! Bien hecho en esta vida. Te has esforzado mucho, diligente y conscientemente a través de capas de otras vidas que no llegaron a terminarse. Es por eso por lo que tienes tanta paz en tu corazón en estos momentos.

Cathy: ¿Por qué se me mostró la primera vida, al principio de la existencia de la Tierra? ¿Cómo se relaciona esa vida con el hecho de estar sola en mi vida actual?

Ser de luz: Comenzamos por allí para recordarte tu esencia: tu sabiduría y tu luz y la perfección que sentiste y experimentaste. Ese recuerdo nunca ha desaparecido. En esta vida [actual], ser soltera tiene que ver con descansar en esa perfección en lugar de mezclarla con el caos que puede traer una relación.

La pureza que tuviste en esa vida también se manifestó en la vida en la que fuiste una indígena. Esos son tus recuerdos más profundos y están grabados en tus células. Forman parte de ti. No encontrar [una pareja en tu vida actual] no significa que no la tengas [la pureza]. Así es como has vivido esta vida.

Cathy: ¿Por qué se me mostró la tercera vida en la Edad Media?

Ser de luz: Para enseñarte que lo que perdura es el espíritu y que las dificultades no son nada comparadas con su belleza y magnificencia. Se te mostró esa vida para ayudarte a perdonar y recordarte que hay que hacerlo, para hacerte ver el contraste y recordarte que cada elección, cada pensamiento, cada acción puede traerte una vida de luz o de oscuridad, y lo hace en cada momento.

Querías un momento especial o una ceremonia para perdonar a Curt y liberarlo. Ahora es el momento de hacerlo, mientras él se encuentra aquí y otros seres están aquí presentes, lo mismo que yo.

¡Está aquí! Aunque sorprendido y algo conmocionado por esta noticia, reconocí y acepté esta oportunidad para que Curt sanara.

—Cathy —le pedí—, por favor, sigue adelante y perdónalo. Describe con detalle lo que ocurre a continuación.

—Curt se aproxima. Está [se muestra como] tullido y tiene la apariencia, la vestimenta, de una persona de la Edad Media, lo que representa su forma de pensar, la de su espíritu, el estado en el que ha permanecido estancado, así que ¿cómo podría haber progresado nuestra vida en común? Mi camino me llevaba a desplegar las alas. Sin embargo, él se esforzaba en mantenerme encerrada en una jaula lo mismo que a un pájaro, en encadenar mi espíritu y hundirlo. Así que busca mi perdón para sentir que puede seguir adelante.

»Curt, te perdono. Te perdono. Sigue adelante con tu vida. Encuentra tus alas; están ahí. ¡Veo grandeza en ti! Siempre la vi incluso cuando la vida en la Tierra no era tan grandiosa. La tenías y la sigues teniendo. Te bendigo. Toca las vidas de una buena manera para brindar luz y amor, la luz y el amor que siempre has tenido en ti. Libérate de lo que percibes como tus limitaciones y de la vergüenza y la culpa que has arrastrado. Deja que se vayan. Despréndete de ellas como de esa ropa de la Edad Media que llevas puesta ahora mismo.

»Veo como se desprende del ropaje gris, de esa especie de capa. Lo veo tal y como era de joven cuando lo conocí: alto y erguido, con una cabellera brillante y con el cuerpo sano, poniéndose las manos en el corazón e inclinando ligeramente la cabeza hacia sí mismo con humildad en señal de reconocimiento, de recuerdo. Las lágrimas resbalan por su rostro. Dice: «He estado tanto tiempo atrapado en ese valle de sufrimiento y creyéndome perdido... Solo necesitaba el perdón y la caricia de una bella doncella [dicho entre risas] para liberarme».

»Le pregunto si en todos esos sueños en los que acudía a mí venía con la intención de pedir perdón. Está arrepentido. Me dice: «Siento haberte acosado cuando estábamos juntos [en la Tierra] y también en los sueños».

»Le digo: «¡Está perdonado! ¡Está perdonado! Todo está perdonado, ¡y te quiero! Te quiero, y te agradezco que formes parte de mi viaje y de mi crecimiento. De joven, cuando estuvimos juntos por primera vez, me entregaste un trozo de mi libertad y un rito de iniciación a la edad adulta».

Me sentí profundamente conmovido por el poder, la belleza y la gracia de las palabras de Cathy. Aunque se había sentido muy herida por el comportamiento de Curt, llegó por fin a una etapa de perdón y gratitud genuinos por la sabiduría que la experiencia le había aportado. Mientras concluía su conversación con Curt, me recordé a mí mismo que el perdón y la gratitud son las formas más poderosas energéticamente para bendecir, liberar y, por lo tanto, concluir una experiencia. Ahora, tanto ella como Curt eran verdaderamente libres para seguir adelante.

Le pedí a Cathy que preguntara al Ser de luz qué más era importante que supiéramos sobre cualquiera de las tres vidas que se le mostraron.

Ser de luz: Lo que pasó entre tú y Curt te ha marcado profundamente durante muchos años de tu vida adulta, impidiéndote querer entablar una relación. Hubo múltiples factores para que tuvieras una vida solitaria. Uno de ellos fue el daño que tu espíritu, tu fe y tu optimismo sufrieron a través de esa relación.

Otro fue sentir que nunca habías vuelto a resonar con ninguna posible pareja como lo hiciste con esa relación ideal que viste en la vida indígena y en la primera vida. La has buscado y no has logrado encontrarla en el ámbito físico.

Con respecto a la tercera vida en la Edad Media, pregúntate: «¿Cuál era mi propósito allí?». La respuesta surgirá por sí misma.

Cathy: Elegí venir con una esperanza noble de ayudar a las niñas y mujeres durante ese tiempo, y no fui bien recibida.

Ser de luz: Aprende a elegir correctamente. No deberías pensar que puedes cambiar el mundo cuando no es tu vocación ni está dentro de tu poder hacerlo.

En términos de vivir sola [en tu vida actual], ¿qué ves?

Cathy: En algunas de mis relaciones de esta vida, me comprometí con alguien a quien creí que podría enseñar, ayudar o salvar.

Ser de luz: ¿Ves ahora que fuiste sabia al abandonar el proyecto porque no es tu tarea vital hacerte cargo de un hombre, salvarlo a través de la relación? Sabes lo que las relaciones pueden ser en su nivel más elevado, y por eso terminabas siempre rechazándolas. Fue sabio de tu parte.

Cathy: En la tercera vida, cuando vi la inutilidad de lo que creía que podía hacer, ¿fue mi elección abandonar [morir]?

Ser de luz: Sí. Hubo otra vida en la Edad Media cuando llegaste como una niña, pero tu familia vio quién eras [como alma] y te disfrazó de niño para permitirte ser un líder, una especie de sacerdote, una persona santa, en la comunidad porque no reconocerían a una niña en ese papel. También en esa vida te descubrieron y te asesinaron. Así que no entendiste la lección la primera vez, y volviste a intentarlo.

Eres muy valiente. Y sigues siéndolo, no tienes miedo. Te arriesgas porque reconoces lo efímero de la carne y la profundidad del espíritu.

Sentí que habíamos completado nuestra exposición de las tres vidas pasadas. Le pedí a Cathy que le dijera al Ser de luz que queríamos hacer preguntas al Consejo de Ancianos sobre su vida actual y que lo siguiera hasta el Consejo.

—Es como si estuviéramos caminando entre las nubes —dijo al llegar al Consejo—, un lugar etéreo. El Consejo ha estado aquí todo el tiempo. Veo seres de luz, de ambos sexos. [La sensación de antigüedad y sabiduría, de luz, de verdad, de justicia, de belleza, de conciencia iluminada, está por todas partes en estos seres. Como pido ver cómo son, me están mostrando la forma de un tipo de luz. La sensación de saber que están aquí es más fuerte que su aspecto visual, pero me complacen mostrando un poco más de forma.

A continuación, pedí a Cathy que hiciera una serie de preguntas específicas al Consejo.

Cathy: ¿Qué relación tiene el hecho de ser soltera en mi vida actual con mi plan prenatal? ¿Por qué he diseñado ese plan?

Consejo: Para ti habría sido muy complicado estar en una relación que aguantara el ritmo de todo lo que has hecho y te ha ocurrido en esta vida. Las limitaciones de la naturaleza humana hacen que la pareja hubiera sido imposible.

Además, tu viaje espiritual ha sido extremadamente profundo y personal y lo mejor era que caminaras sola sin la distracción o la duda que pudiera haber arrojado otra persona en tu camino. Deseabas esa claridad. Querías centrarte. No ser disuadida, cuestionada o ignorada por un juicio o por las emociones energéticas de otra persona. Querías un camino despejado para hacer un trabajo de sanación profundo y amplio que abarcara muchas vidas. Buscabas una conexión y un descubrimiento espirituales profundos.

Cathy: Mucha gente diría que sus relaciones sentimentales son un estímulo para el crecimiento. ¿Cuál es la diferencia entre yo y las muchas personas que cumplen intenciones similares, al menos en parte, a través de las relaciones?

Consejo: En otras vidas —hoy se te ha mostrado una— realizaste tu crecimiento y sanación a través de las relaciones. La diferencia en esta vida fue tu petición de concentrarte sin distracciones y de profundizar. Señalamos los muchos años que has pasado como contemplativa en la vida contemporánea, levantándote cada mañana y sentándote bajo el manzano durante horas en contemplación, descubriéndote a ti misma; el tiempo que has pasado en el jardín cavando en la Tierra, aprendiendo sus lecciones y escuchándola; el tiempo que pasaste junto al fuego y bajo la luz de la luna en el bosque con círculos de mujeres, viviendo en comunidad; las muchas horas en una sauna, rezando; tus viajes a la India, buscando la divinidad dentro de ti...

Cathy: ¿Por qué planeé realizar mi crecimiento y sanación a través de la relación en algunas vidas, pero no en otras?

Consejo: Eso se debe simplemente a que estás en tu viaje evolutivo.

Tu yo egoico, tu yo humano, tu corazón humano se ha sentido solo a veces, sobre todo al principio, y quería una pareja; sin embargo, a medida que madurabas, ya no te sentías tan sola. Además, conforme pasaba el tiempo, eras más consciente del plan general de las cosas.

Las vidas de sanación, como la primera [que se te mostró], en la que había una consciencia tan elevada, eran para permitir que eso llegara al plano humano. Pero a lo largo del camino el ser humano recoge apegos y creencias que lo alejan de esa esencia espiritual pura; por lo tanto, vienen más vidas para sanar e iluminar lo sucedido. Son las necesidades cambiantes tanto de la parte humana como de la parte del alma lo que dicta si vas a estar en pareja o no.

Cathy: Si a nivel del alma hay una intención particular que se sirve mejor estando sola, y a nivel de la personalidad hay una intención de encontrar una pareja, entonces ¿las intenciones del alma siempre anulan los deseos de la personalidad?

Consejo: No; el acuerdo ocurre con el alma: «Puedes tener esto ahora; haremos este trabajo más tarde. Ahora puedes tener la satisfacción humana».

Cathy: ¿Qué debería pensar alguien que esté leyendo este capítulo y que quizá lleve muchos años sin pareja en contra de su deseo consciente?

Consejo: Depende de la persona y de dónde se encuentre en su trayectoria evolutiva. Puede ser que su alma la esté guiando de una manera más intensa. O que su humanidad se sienta indigna de tener una pareja y le impida hacerlo. Podría ser un conjunto de factores para cada persona. Por lo tanto, cada individuo haría bien en preguntarse dónde se fusionan el fluir de la vida y la apertura de su corazón y la conexión con su humanidad y el propósito de su alma. Observa claramente la intención de tu alma y de tu humanidad y ve dónde la fusión está o no está ocurriendo o podría fomentarse.

Cathy: ¿Cuáles son otras razones por las que las almas planean, antes de entrar en el cuerpo, permanecer sin pareja durante muchos años o toda una vida?

Consejo: Fomentar la fe. Un intento de conectar con lo divino en el interior y reconocerlo. Hay formas de conocer el verdadero yo que pueden satisfacerse más claramente cuando una persona está sola.

Cathy: Algunos realizan prácticas espirituales para recordar su Divinidad interior, pero siguen sintiéndose solos y desean tener una pareja. ¿Qué les diría el Consejo a esas personas?

Consejo: Pregúntate si hay un propósito mayor en estar sola. Pregúntate si, de verdad, te crees digna de una relación y de ser amada. ¿Te amas profundamente y sin reservas? ¿Estás preparada para recibir y dar amor?

Cathy: ¿Cómo podría alguien que no tiene pareja saber si eso forma parte del plan porque sirve a su bien más elevado o si está solo porque de alguna manera se ha desviado del camino?

Consejo: Cuando forma parte del plan será más fácil distinguir un sentimiento de pureza y claridad. En cambio, cuando alguien se desvió del camino, sentirá mucha más confusión y no sabrá cómo encontrar su senda. Nada tendrá sentido.

Cathy: Me sentía compatible con Jim, que podría haber sido un buen compañero y con quien, si me hubiera casado con él, habría tenido una vida muy diferente. ¿Era esa una opción específica en mi planificación prenatal?

Consejo: Sí. Ese camino podría haber sido quizás más satisfactorio humanamente, con amor, comodidad y más seguridad financiera en el mundo. Podrías haber elegido eso y seguir haciendo el trabajo de crecimiento. Habría sido diferente. Tal vez no hubiera sido tan profundo desde el punto de vista espiritual, a menos que Jim hubiera elegido unirse a ti en tus esfuerzos espirituales, lo cual era una posibilidad. Eso habría tenido que decidirlo él.

Cathy: Si yo sentía antes de nacer que la sanación y el aprendizaje podían lograrse mejor sin estar en una relación, entonces ¿por qué iba a planear siquiera esa opción con Jim?

Consejo: Esperábamos esta pregunta de Rob. [Risas].

Te gusta mirar la vida desde muchos ángulos y tomar decisiones con conocimiento de causa. Aprecias las ideas y a menudo no tomas decisiones hasta que no sabes cómo se sienten. Te convenía plantear una opción, una bifurcación en el camino. Si hubieras sido más madura y humanamente evolucionada en el momento de la relación con Jim, podrías haber elegido muy bien ese camino, tener una vida estupenda y muy satisfactoria, y luego hacer el viaje espiritual en otra vida. Cuando Jim apareció en tu vida, no estabas capacitada y tu comprensión de las relaciones era superficial. Te faltaba algo de madurez para salir adelante.

Cathy: Me gustaría preguntar ahora sobre Corazón de Estrella. ¿Es un alma gemela?

Consejo: Sí. Entiendes a la perfección que vuestras almas han viajado juntas durante eones. Se han ayudado y apoyado mutuamente. En esta vida actual, él vela por ti y te protege, pero manteniendo la suficiente distancia para permitirte caminar por tu cuenta.

Cathy: ¿Qué es un alma gemela?

Consejo: En el mundo humano, hay confusión sobre esta expresión. Algunos piensan que un alma gemela es la perfección romántica. Esta es una forma de verlo. Para otros se trata de almas que caminan juntas a lo largo de las vidas, cuidándose mutuamente, ayudándose a crecer o desempeñando un papel la una para la otra.

Un alma gemela puede no encarnar nunca en la misma vida. Es como ser compañeros de clase que evolucionan juntos. Las almas gemelas pueden elegir formas de vida diferentes, entre ellas las que acabamos de describir.

Cathy: ¿Todo el mundo tiene un alma gemela?

Consejo: Sí, y puede que no sea solo una.

Cathy: ¿Qué más podéis decir para ayudar a quien se sienta mal por el hecho de no tener pareja a ver un mayor significado o propósito en la experiencia?

Consejo: Siempre es sabio y recomendable tratarse a uno mismo con ternura, amor y compasión, y buscar amorosamente en el interior el propio valor, la fuerza y la chispa de Dios. Entonces verás cómo la angustia se desvanece a medida que desarrollas tu propia riqueza. Además, examina la razón por la que deseas tanto tener una relación amorosa. ¿Es para calmar la soledad? ¿Para llenar un vacío? ¿Para realizar un trabajo de crecimiento profundo? ¿Es para tener un compañero funcional o un compañero intelectual?

Luego, junta ambas cosas y mira a ver qué te sale. Observa lo que reconoces de ti mismo que puede aportarte consuelo o un camino para acercarte a tus sueños.

Como Cathy había preguntado todo lo que tanto ella como yo queríamos saber, le pedí que diera las gracias al Consejo, al Ser de luz que la llevó al Consejo, a Corazón de Estrella, a Curt y a todos los que de alguna manera participaron en la sesión por la sabiduría y el amor que compartieron con nosotros, y luego le indiqué que recordara la experiencia. A continuación, conté lentamente del uno al diez, tras pedirle que volviera a la consciencia de vigilia a la cuenta del diez. Nos sentamos en silencio durante unos momentos mientras Cathy se despertaba.

—¿Cómo fue la experiencia de las tres vidas? —pregunté cuando sentí que estaba lista para hablar.

—La primera fue alegre, encantadora, y me sentí como en casa. Está claro que nunca me ha abandonado y es algo que forma parte de mí para siempre. En la segunda volví a tener esa sensación de hogar. También estaba el reto de ser humana, pero no era difícil. Había una corriente y un ritmo. Era como: «Mira, esto es lo que es posible». ¡Con razón siempre he anhelado esa cualidad en esta vida! La tercera me mostró el contraste cuando tomo decisiones que no reflejan mi verdad más elevada.

—¿Qué sentiste al hablar con el Ser de luz?

—Fue como hablar con el hermano que nunca tuve. Hubo esta sensación de ser amigos y también de un maestro sabio, un gurú —alguien respetado y venerado— pero no había una sensación de que estuviera por encima de mí. Era más bien una sensación reconfortante, de compañero, de miembro del equipo, de ayuda. A veces, cuando he estado en la India y he podido sentarme con maestros sabios, algunos de ellos han sido elevados y distantes, pero otros te hacen sentir a gusto. Así fue. Había un sentimiento de gracia.

—Cathy, ¿qué sensación tenías al hablar con el Consejo?

—Noté que dejaban de lado su individualidad para mantener la fluidez, la esencia, de sus respuestas que llegaban a la vez [de varios de ellos] como una sola respuesta. Hubo que elaborar un poco. Empezó como un goteo y luego ganó fuerza. Al final, cuando decías que había que dar las gracias a todos, yo también te daba las gracias a ti, Rob.

ℰ⅁ℛ

Como dice el dicho, tu posición depende de dónde te sientes. Si eres un ser humano que «se sienta» en la tercera dimensión, entonces tu postura sobre permanecer sin pareja durante la mayor parte de una encarnación podría ser una experiencia no deseada, ni apreciada, y probablemente sea solitaria y quizás incluso dolorosa. Si eres un alma que «se sienta» en el reino no físico, tu postura sobre las décadas de soltería tal vez represente una oportunidad magnífica y única para la expansión, la sanación y la adquisición de conocimientos. Aquí tenemos dos puntos de vista diametralmente opuestos, y ambos son correctos desde la perspectiva del observador. El primero conduce a la resistencia y el sufrimiento, el segundo a la aceptación y la paz. Uno de los principios centrales de este libro es que podemos pasar del punto de vista limitado del ser humano a la perspectiva mucho más elevada del alma. Hacerlo facilita enormemente la trayectoria vital del ser humano y nos capacita para aprender sus lecciones subyacentes de una manera más consciente y menos ardua.

Un alma que vive una experiencia humana está sujeta a un condicionamiento profundo y a menudo imperceptible. Nos acomodamos y dejamos de notar lo que siempre está presente, y el condicionamiento está presente desde la primera infancia y continúa a lo largo de toda la vida. De una manera por lo general bien intencionada, los padres, los profesores, las figuras de los medios de comunicación y muchas otras personas ensalzan las virtudes de la pareja romántica. Los medios de comunicación populares idealizan el romance, haciendo que su ausencia parezca antinatural y sombría.

Planear nadar «contra la corriente» de este condicionamiento antes de nacer, es un acto de audacia y coraje. Antes de entrar en el cuerpo, elegimos el momento y el lugar de nuestro nacimiento. En nuestra planificación prenatal, se nos muestran escenas de cómo es la sociedad en el momento y el lugar que hemos elegido. Cathy sabía muy bien que iba a encarnar en una sociedad prácticamente obsesionada con el amor romántico.

Detrás del velo y en un estado de amnesia autoinducida, Cathy pasó años olvidando su verdadera naturaleza. La necesidad humana y la codependencia ocuparon el lugar del amor incondicional a sí misma y a los supuestos «otros»; los periodos de profundo anhelo y soledad sustituyeron el conocimiento del alma de su integridad inherente y su unidad con Todo lo que Es. ¿Por qué cualquier alma consciente de sí misma como amor elegiría representar un papel en un escenario en el que olvida su divinidad así como el carácter sagrado de todos los demás actores?

El proceso de olvidar y luego recordar quiénes somos realmente nos lleva a un autoconocimiento más profundo. Durante los largos periodos en los que no tenía una relación romántica, Cathy realizó el viaje de la heroína hacia su interior. Bien a través de la ceremonia, la meditación o simplemente sentándose bajo un árbol y estando plenamente presente, recordaba su belleza innata, su naturaleza profundamente amorosa y sagrada, una sacralidad que bendice a todos los que comparten la Tierra con ella.

La ausencia de pareja romántica durante la mayor parte de su vida le proporcionó tanto la oportunidad como la motivación para, como dijo Aarón, «abrirse con amor a sí misma». Una de sus intenciones antes de nacer era aprender a amarse y aceptarse, porque si no podemos amarnos y aceptarnos del todo a nosotros mismos, no nos será posible recibir plenamente el amor y la aceptación de los demás. Recibimos lo que damos, y el mundo refleja lo que nos damos. Si deseas saber por qué los demás te juzgan, rechazan o no te aprecian, pregúntate: «¿De qué manera me juzgo, me rechazo o no me aprecio?». Entonces perdona, agradece y bendice a las personas, a los desencadenantes que te reflejan a ti mismo. La Tierra es una escuela en la que el reflejo es nuestro maestro.

Aunque es profundamente sanador perdonar a los demás, la verdadera partera del amor propio es el *autoperdón*. Como nos dijo Aarón: «Hasta que no podamos perdonarnos por el hecho de ser humanos, no podremos amarnos plenamente». Sentirnos culpables, lo contrario de perdonarnos, crea un blindaje energético que mantiene a los demás a distancia. Y el alma vieja sigue invitando no a una pareja amorosa, sino a una que saca a relucir la propia culpa, porque hay una intención a nivel del alma de encontrar compasión por uno mismo, compasión que, a su vez, eliminaría el blindaje.

También, como la Madre Divina le dijo a Cathy, fue difícil para ella aceptar el amor de una pareja porque tenía miedo de lo que se le pediría. Aquí también la relación con uno mismo es la clave. A medida que Cathy continúe el viaje espiritual hacia el interior sin la distracción de una relación romántica, llegará un momento, ya sea en esta vida o en otra, en que cosechará un abundante amor propio. Cuando descubra que se ama a sí misma, confiará en que siempre actuará por su bien más elevado, lo que en parte significa que no se exigirá tanto a sí misma. Esa vibración le atraerá a una pareja que puede estar segura de que no le pedirá demasiado.

Como le dijo Aarón a Cathy, «lo que de verdad buscamos no es una relación más profunda, sino el crecimiento del alma». Cuando ese crecimiento se vio facilitado por una relación, Cathy tuvo una pareja romántica. A través de esas relaciones aprendió que es sabio no tratar de corregir a nadie y que tiene la fuerza para decir no *con una actitud amorosa* a la negatividad. Cuando su crecimiento se lograba mejor estando sola, no tenía pareja. Durante esos tiempos viajó hacia dentro, fomentó su fe y redescubrió lo divino en su interior. Aunque no sin su parte de lucha y dolor, su viaje fue perfecto para ella en cada *momento presente*, dándole exactamente lo que más necesitaba, por no decir lo que más quería.

A través de los ojos del alma vemos esa perfección.

Capítulo 5

⁂

Relaciones célibes

La *sobreiluminación* es un fenómeno en el que un ser no físico —un espíritu guía, por ejemplo— envuelve en su cuerpo energético a un ser físico como un ser humano. Debido a que el ser espiritual está en una vibración más alta, la persona que está siendo envuelta siente una clara elevación de energía. Esencialmente, el ser humano está ahora envuelto en un cálido manto de amor. Pueden producirse sentimientos de alegría, paz e incluso felicidad. También puede producirse un cambio de percepción: la persona mira ahora el mundo con ojos más amorosos.

Experimenté la sobreiluminación al principio y durante gran parte de mi conversación con Sarah, que había accedido a compartir la historia de su matrimonio célibe pero lleno de amor con Jim. Aunque nunca había experimentado la sobreiluminación, supe inmediatamente lo que ocurría. El Espíritu me estaba diciendo: «La historia de Sarah es importante. Te sugerimos que la incluyas en tu libro». También comprendí intuitivamente por qué el Espíritu lo percibía así: las relaciones célibes (en las que el celibato se define como la ausencia de relaciones sexuales) son comunes y a menudo están llenas de amor, y sin embargo, quienes viven esas relaciones se enfrentan a sus propios prejuicios acerca de una supuesta falta de normalidad.

Sarah y Jim se casaron cuando ambos tenían cuarenta y ocho años. Aunque se aman y se respetan de verdad, y ambos sienten que el matrimonio es adecuado para ellos, Sarah cree que su celibato es una cuestión que nunca se ha abordado adecuadamente.

Cuando Sarah y yo comenzamos nuestra conversación, y mientras me bañaba en la hermosa y casi embriagadora energía del ser que me iluminaba, ya sabía, por el amoroso impulso del Espíritu, que Sarah y Jim habían acordado mutuamente el celibato antes de nacer. Sin embargo, ¿por qué querría cualquier pareja experimentar un reto así, especialmente uno que la sociedad suele juzgar como «anormal»? ¿Qué lecciones o sanación podrían surgir de esta forma de sufrimiento? Estaba ansioso por ver a dónde nos llevaría el Espíritu.

Sarah

Sarah tenía sesenta y dos años en el momento de nuestra conversación. Era la mediana de once hermanos en una familia católica irlandesa y me contó que «en la casa había mucho amor, pero yo guardaba un gran secreto: mi hermano mayor, Steve, abusó de mí durante la mayor parte de mi infancia».

—Me siento afortunada y agradecida de haber tenido siete hermanos, todos los cuales, excepto uno, me daban amor de la manera apropiada. Mi padre era muy cariñoso conmigo, siempre correcto, y me apoyaba en todo.

De modo que con su familia de origen vivió una combinación de mucho amor y también mucho sufrimiento.

—Trabajo en *marketing* en una gran empresa de Nueva York. Mi marido, Jim, también. Ambos trabajamos en distintas partes de la empresa, pero compartimos algunos proyectos. Es agradable; entendemos el negocio del otro y tenemos muchas cosas en común.

Sarah y Jim se conocieron a través del trabajo de ella en varias sucursales de la empresa en Estados Unidos. Jim era un conocido ejecutivo de *marketing* en una de esas sucursales. Su trabajo recibía muchos reconocimientos y era admirado por los de su sector.

—La chispa que atrajo a Jim comenzó en una conferencia que celebramos cada verano —recuerda Sarah—. Se reúne todo el personal de *marketing* de todas las ramas. Hay una fiesta al final de la conferencia. Todos los años, incluso cuando no nos conocíamos muy bien, Jim se dirigía a mí para invitarme a bailar.

»Un dato interesante sobre Jim es que es medio afroamericano y medio japonés. Así que es muy llamativo y diferente.

»Yo soy una chica católica irlandesa con el pelo rubio pajizo, siempre el alma de la fiesta.

»En fin, en esa fiesta estábamos bailando. De repente me di cuenta de lo atractivo que era. Pensé: «¡Qué bien sienta bailar con él!». Era musculoso; sus brazos me excitaban.

Sarah y Jim siguieron reuniéndose cuando él fue a Nueva York por negocios. En cada viaje, la invitaba a comer. Finalmente, en la quinta cita la invitó a cenar.

—En ese momento yo ya llevaba un cartel que decía: «Puedes besarme» —se ríe.

Mientras ella y Jim viajaban en el metro hacia su destino para la cena, Sarah se acurrucó junto a él para mostrar su interés. Después de la cena, mientras caminaban por el centro, Jim la tomó de la mano.

—Fue entonces cuando supe que íbamos a ser «algo» —dijo. Y entonces sucedió: su primer beso—. Estábamos en Greenwich Village, mirando los escaparates, paseando —recuerda—. Me paré en un escalón alto. Cuando me di la vuelta, finalmente me besó por primera vez.

»Cuando Jim cuenta la historia, habla de cómo mi pelo estaba a contraluz. ¡Es tan cinematográfico! Dije: «¡Bueno, ya era hora!». Entonces caminamos un poco más. Al cabo de un rato estábamos sentados en un banco del parque. Era todo muy romántico. Le dije: «¿Por qué crees que ninguno de los dos se ha casado nunca?». Me contestó: «Para poder estar sentados en este banco del parque juntos ahora mismo». Me quedé prendada.

Poco después de empezar a salir, Sarah y Jim se enteraron de que habían crecido en el norte del estado de Nueva York, en casas situadas a solo tres minutos en coche la una de la otra. Hicieron una excursión de un día para enseñarse esas casas. Mientras conducían, Sarah compartió con Jim sus buenos recuerdos de la pista de patinaje cercana a la casa de su familia, donde había aprendido a patinar. Le contó que le encantaba escuchar la canción de los Beatles *Nowhere Man* mientras patinaba. Unos segundos después, *Nowhere Man* sonó en la radio de su coche. Sarah y Jim se quedaron de piedra.

—¡Jim se quedó alucinado con eso! —me dijo Sarah—. Estábamos recibiendo señales del Universo.

Poco después del primer beso, empezaron a intimar.

—Hacíamos el amor casi todos los días —dijo ella—. Pero había una parte de mí que me reservaba. Tenía problemas de autoestima debido a los abusos sexuales. Tenía miedo de que si me mostraba toda a Jim durante nuestro noviazgo, él no me quisiera.

En Navidad, cuatro meses después de su primer beso, Jim fue a Nueva York durante dos semanas para visitar a Sarah. La víspera de Navidad le dijo que algo andaba mal con una gran valla publicitaria animada en Times Square —una valla publicitaria de la que era responsable en su trabajo— y que tendría que revisarla. Convenció a Sarah para que lo acompañara.

—Yo quería ayudarlo a averiguar cuál era el problema —relató Sarah—, y de repente vi una valla publicitaria tan grande como dos casas que mostraba mi cara.

»Entonces, en una pantalla sobre ella apareció un poema que había escrito para mí. Pensé: «¡Esto es maravilloso!». Aquella preciosidad de poema seguía y seguía hasta que al final venía la frase: «Sarah, ¿quieres casarte conmigo?», en letras grandes como un edificio. Inmediatamente dije que sí. Él tenía el anillo allí mismo.

»Aquella Navidad fue celestial. Durante todo ese tiempo nuestra vida sexual fue muy placentera. Era como un sueño de amor erótico, aunque el sexo en sí no siempre estaba sincronizado. Sin embargo, pensé que no importaba porque estábamos al principio de nuestra relación.

Una de las formas en que no estaban sincronizados era que Jim quería penetrar a Sarah sin muchos juegos previos. Además, quería que llegara al clímax muchas veces. Sarah sentía que Jim intentaba cumplir con ella, y se sentía presionada a cumplir con él. No se atrevía a hablar de sus preocupaciones. Cuando lo hizo, tuvo la impresión de que él tomó sus comentarios de manera equivocada.

—Se habían juntado mi miedo a hablar abiertamente de estas cosas —reconoce Sarah— y su reacción exagerada cuando yo mencionaba algo. Sentía que debía tener mucho cuidado. Él decía: «¿Cómo crees que me siento cuando dices que no te complazco?». Ambos éramos exageradamente sensibles. Este es uno de los aspectos en los que somos muy parecidos y nos compenetramos estupendamente, pero nuestra sensibilidad exagerada hace más difícil la comunicación.

»Además, en cuanto llegaba al orgasmo, se acababa todo para él. Al cabo de un tiempo, le resultaba difícil y frustrante, porque, aunque quería hacer el amor conmigo durante un par de horas, ya no tenía el aguante necesario. Todo eso ocurrió incluso antes de casarnos.

Llegó el día de la boda y Sarah y Jim intercambiaron sus votos en una hermosa ceremonia. Hicieron el amor esa noche y todas las noches de su luna de miel, hasta la última. Ese mismo día discutieron sobre el dinero. En el vuelo de regreso a casa, Jim no le dirigió la palabra a Sarah. Después de regresar a casa, Jim cayó en una depresión. Luego, durante los primeros seis meses después de la luna de miel, no tuvieron relaciones sexuales.

Sarah le dijo a Jim:

—Te casaste por una razón. Parte de esa razón es mostrarle a otro ser humano cómo es a veces la vida para ti. No tienes que pasar por esto tú solo. Yo estoy aquí. No voy a ir a ninguna parte.

Jim acudió a un médico. La medicación que recibió lo ayudó a salir de la depresión, pero también disminuyó su libido. Empezaron a hacer el amor de nuevo. Al principio era una vez cada pocas semanas.

—Luego pasó a ser cada tres, cuatro, seis meses —dijo Sarah con tristeza—. La verdad es que no sé cuándo dejó de hacerlo. Me sentí muy mal, traicionada. Pensaba que por fin iba a tener una relación sexual maravillosa con un hombre al que adoro y, sin embargo, fue una de las peores experiencias sexuales de mi vida. Y ahí estaba mi marido. —Noté el dolor en su voz mientras hablaba.

Con el tiempo, Sarah se dio cuenta de que no servía de nada estar constantemente disgustada por la falta de sexo. Se unió a un grupo de apoyo para mujeres, que la ayudó a dejar de centrarse en Jim y a centrarse en ser feliz. Una amiga le recalcó la importancia de ser auténtica, sobre todo en lo que respecta a expresar su afecto cuando se sentía cariñosa.

—Eso llevó a una encantadora y relajada apertura del afecto sexual que persiste y florece hasta el día de hoy —dijo Sarah, más feliz–. Nos tomamos de la mano cuando vemos una película. Nos abrazamos en casa. Nos besamos. Nos acariciamos sexualmente, no hasta el punto de llegar al orgasmo, pero a menudo nos excitamos. Nos hemos comprometido a rejuvenecer nuestra vida sensual, pero hasta ahora no ha sucedido.

–Sarah, ¿cuánto tiempo ha pasado desde que dejaste de hacer el amor? –pregunté.

–¡Dios!, lo he bloqueado, Rob. Son años. Es triste, pero todavía me siento esperanzada. El hecho de que seamos afectuosos, cariñosos y sensuales a diario lo mantiene lo suficientemente vivo como para que no me sienta no amada o no deseada. Creo que es la sensación que se tiene al ser mayor.

Parte de la dificultad para Sarah y Jim es que duermen en habitaciones separadas. Jim, que tiene un sueño ligero, necesita hacerlo para dormir bien, lo que, a su vez, ayuda a mantener a raya la depresión. Entre semana, salen de casa temprano y vuelven tarde, momento en el que ninguno de los dos tiene energía para iniciar el sexo.

–Mi idea ahora –dijo Sarah–, y se lo he pedido a Jim, es: «Vamos a dormir juntos solo una o dos noches a la semana». Él dijo: «Eso podría funcionar». Pero en realidad nunca lo hemos hecho, porque los dos tenemos miedo.

En ocasiones, Sarah probó a disfrazarse para poner en marcha su vida sexual. Y a veces Jim respondía bien. Pero otras reaccionó con irritación o enfado, especialmente cuando se sentía deprimido, y decía: «¿Ahora eso significa que tengo que tener sexo contigo?».

–Recibía todos estos mensajes contradictorios –recordó Sarah–. Así que ahora tengo estos modelitos y quiero ponérmelos, pero tengo miedo al rechazo.

–Hablemos ahora de esto desde una perspectiva de planificación prenatal –sugerí–. ¿Crees que tú y Jim planeasteis que fuera así?

—Sí, porque es algo tan poderoso en nuestras vidas que tiene que ser algo que planeamos.

—¿Cuál crees que es el motivo de haberlo planeado?

—Jim necesita aprender a integrar el amor y el sexo —explicó Sarah—. En su vida sexual antes de mí, era insaciable. Había mucha experimentación, muchas mujeres. Está aprendiendo que hay amor sin sexo. Además, el principal reto de su vida es tener un sentido de pertenencia. —Aquí Sarah se refería a la etnia mixta de Jim—. Probablemente es la primera vez en toda su vida que lo siente. Si pudiera integrar en la expresión sexual el sentido de pertenencia que siente conmigo y el amor que siente por mí, eso sería muy satisfactorio para él. En mi caso, necesito aprender que puede haber sexo con amor. Se trata de conocer mi valor esencial: de ser capaz de amarme a mí misma, de creer que soy digna de ser amada y de sentirme una criatura amada por Dios.

Le pedí a Sarah que me explicara cómo cree que la ausencia de sexo puede ayudarla a crecer.

—Esta [relación] es el último reducto para mí. En todas mis demás relaciones puedo ser totalmente como soy y decir lo que de verdad pienso. Todavía no puedo hacerlo, o de alguna manera no elijo hacerlo, con Jim. Es como si hubiera demasiado en juego. Mi deseo es superarlo. Siempre me estoy recordando a mí misma que debo decir lo que pienso. Es como el hábito de esconderme que vino de mi abuso sexual, de sentirme indigna, menos que los demás. Ya no quiero tener ese hábito. Me gustaría ser completamente abierta en la relación más difícil, el ámbito de experiencia más complicado y gratificante. Lo que más me enorgullece de mi vida es que he conseguido convertir lo que era un matrimonio muy infeliz en uno muy feliz, con o sin sexo. Eso es un logro a nivel del alma que puedo llevar conmigo pase lo que pase.

Mientras Sarah hablaba, recordé que atraemos las relaciones para sanar y expandirnos. En Jim había encontrado la pareja ideal para sanar las heridas de su abuso infantil y expandirse hacia el amor propio que su alma desea conocer.

—Sarah, habrá personas que lean tu historia que no tienen sexo en su relación o lo tienen con poca frecuencia, pero aman a su pareja y quieren que su relación con ella sea lo más feliz y amorosa posible. ¿Qué consejos les darías?

—Lo primero y más importante es que no culpen a su pareja. Siempre que culpamos, suele ser porque hay algo en nosotros que no queremos ver. Primero mírate a ti mismo. Explora tu propia sensualidad en el tiempo que te corresponde. Te animo a que te des placer. Te contaré un secreto. En la época en que exploraba mi sensualidad y me masturbaba con regularidad, era cuando mi marido se acercaba a mí y quería tener sexo conmigo. Y es que el amor propio es atractivo. Si no piensas bien de ti, es posible que tu pareja empiece a verte con tus mismos ojos y a no tratarte tan bien. Conviene tratarse bien a uno mismo.

Aquí habíamos llegado a una verdad importante y fundamental sobre la vida: el Universo nos refleja a nosotros mismos. Cuando nos amamos, eso se refleja en nuestras relaciones. Cuando no nos queremos a nosotros mismos, eso también se refleja en cómo nos tratan los demás.

—Sarah, has hablado de la importancia de no culpar a la pareja. ¿Qué les dirías a quienes se culpan o juzgan a sí mismos?

—Que se fijen en una visión total de la situación —aconsejó—. Si estamos en estas circunstancias es porque queremos aprender algo como almas. Busca dentro de ti las razones por las que esto es valioso. Hay algo muy importante que puedes hacer por tu cuenta mientras disfrutas de la seguridad y la bendición de esa pareja. No hay reglas. La gente tiene una imagen sobre cómo debe ser el matrimonio, pero hay un número infinito de formas en que un alma puede expresarse. El matrimonio es un vehículo. El modo en que tu alma decide expresarse en el matrimonio puede ser muy diferente de la imagen que la sociedad –ya sabes, el Príncipe Azul y la Cenicienta– presenta. Yo lo veo desde la perspectiva de más de una vida. Esa es la forma más rápida de llegar a un punto en el que seáis felices juntos, independientemente de las circunstancias, porque estáis viajando juntos. E independientemente de la parte del viaje que compartáis entre vosotros, lo estáis compartiendo todo a nivel del alma. A veces hablo con el alma de Jim: «Escúchame, alma de Jim que estás al otro lado del velo, solo quiero que sepas cuánto te amo y que quiero ser abierta y honesta contigo en esta vida». Te aseguro que en ocasiones eso ayuda.

—Sarah, digamos que algunas personas que lean tu historia han adoptado la opinión de la sociedad de que se supone que debemos tener sexo con cierta frecuencia en una relación. Sienten que, como en su caso no es así, hay algo incorrecto, malo o anómalo en sus relaciones. ¿Qué les dirías?

—Si tienes un hijo o un amigo que se dice a sí mismo que hay algo malo o incorrecto en su relación porque no está teniendo sexo con la suficiente frecuencia, lo mirarías y verías su belleza. De hecho, verías la belleza de él y de su pareja y en tu interior sabrías que están recorriendo su camino de la manera que deben hacerlo. Así que animaría a esa persona a buscar y crear el sentido. Acepta la experiencia e intenta ver lo que te está enseñando. Si te resistes, no aprenderás nada y lo empeorarás, pero si abres tu mente y tu corazón a ti mismo y a tu pareja, tendrás muchas más posibilidades de experimentar lo que estaba destinado a hacerse realidad para ti.

Regresión del alma entre vidas de Sarah

Con valentía y honestidad, Sarah había compartido conmigo tanto su amor por Jim como el dolor que siente con respecto a su celibato. ¿Había planeado antes de nacer experimentar este difícil reto? Y, si es así, ¿por qué? Comenzamos nuestra investigación sobre su proyecto de vida con una RAEV.

Inicié la sesión con una oración, pidiendo a los seres queridos de Sarah, a sus guías, a sus ángeles y a todos los que en el Espíritu la aman y la guían que se unieran a nosotros. Luego la llevé a través de los pasos habituales de relajación mental y física y la parte de regresión a vidas pasadas de la RAEV. Le pedí que saliera de un túnel y entrara en una escena importante de una vida pasada significativa. A continuación, le dije que describiera lo que había visto.

—Estoy en el exterior —comenzó—, en el campo, de día, en un cálido verano. Hay alguien conmigo. Llevo los pies descalzos, una falda rústica marrón, un delantal y una blusa blanca con bordado de ojal: ropa de campesina de diario.

—Bien. Ahora quiero que te veas de pie frente a un espejo para que puedas ver tu cara y tu pelo con claridad. Descríbemelos.

—Cabello castaño, largo, pero no tanto. Una nariz aguileña, aunque atractiva. Parezco un poco sorprendida y asustada. Soy mujer, quizá de treinta años. Soy blanca con la piel bronceada. De complexión media.

—Deja que el espejo se diluya —le indiqué—, y luego descríbeme todo lo que percibes y todo lo que haces para que pueda seguirte.

—Hay un hombre conmigo —continuó Sarah—. Está tratando de controlarme de alguna manera que no quiero. Me tiene sometida. Parece que se preocupa por mí, pero no es consciente de cuánto daño me hace. Solo le importo de forma superficial. Cree que me quiere, pero yo no me siento querida por él. Creo que es mi dueño. No es mi marido.

—Has mencionado que pareces sorprendida y asustada —repetí—. ¿Por qué?

—No hay nadie más que él. Estamos en un corral. Ha intentado aprovecharse de mí.

—Quiero que mires de cerca la cara de este hombre y sus ojos y me digas: ¿reconoces a esta alma como alguien que está en tu vida actual?

—Steve. Mi hermano Steve —indicó Sarah, con certeza en su voz.

—Bien. Dejemos que la escena continúe. ¿Qué sucede a continuación?

—Intenta convencerme de que me acueste con él. Yo no quiero en absoluto, pero él es mucho, mucho más grande que yo —muy corpulento y fuerte— y me obliga a hacerlo. Aunque lloro de dolor y estoy aterrorizada, cree que me gusta. Se ríe a carcajadas y luego se sube los pantalones. Estoy en el suelo. Me vuelvo a poner la falda por encima de las piernas. Estoy llorando. Dice que me ha gustado y se va.

—¿Cómo te sientes?

—Me siento fatal —dijo ella, empezando a llorar—. Me siento herida, degradada, sola. Me siento asustada porque podría volver a hacerlo. Creo que no hay nadie a quien pueda contárselo.

—Lo entiendo. Quiero que confíes en que tu alma y tus guías te están mostrando esta escena por una razón particular. ¿Qué es importante que sepas o entiendas sobre la escena que te están mostrando? Confía en que sabes la respuesta.

—Necesito entender que eso no estaba bien —me dijo Sarah—. Y que yo no tuve la culpa. No lo pedí. No me lo merecía. Aunque quería ser atractiva, no significa que deba ser tratada así.

—¿Hay algo más en esta escena que sea importante para ti, o te sientes satisfecha y lista para seguir adelante?

—Me siento lista.

—A la cuenta de tres pasarás automáticamente al siguiente evento o escena importante en esa misma vida. Uno..., dos... ¡y tres! Dime, ¿dónde estás ahora y qué está pasando?

—Estoy en una pequeña ciudad. Llevo un sombrero y ropa más próspera. Tengo unos diez años más. Veo un carruaje. Estoy a punto de subir a ese carruaje cuando... lo veo. ¡No esperaba verlo!

—¿Ese mismo hombre?

—Mmm, humm. Está en la calle, a poca distancia de mí. Me ve.

—¿Cuánto tiempo hace que no lo ves?

—Diez años.

—¿Os acercáis el uno al otro?

—No.

—¿Cómo te sientes cuando lo ves?

—Muy orgullosa.

—¿Por qué te sientes orgullosa?

—Me casé con alguien con posición en esta pequeña ciudad. Él [el violador] pensó que yo no era nada, ¡pero eso no es cierto! Estoy orgullosa de que me valore alguien que me quiere y se preocupa por mí y de que él [el violador] ya no tenga ningún poder sobre mí.

Sarah me dijo entonces que se sentía preparada para avanzar. La adelanté a la siguiente escena significativa de esa vida.

—Estoy en mi lecho de muerte —declaró—. En la habitación hay una luz brillante. Creo que viene del Espíritu. Tengo familia a mi alrededor y no siento miedo. Mi marido está allí, pero no puedo decir si está en Espíritu o allí [en cuerpo]. Mi hijo, que ya es mayor, y su mujer están allí.

Le indiqué a Sarah que mirara atentamente los rostros de todos los presentes.

—¿Reconoces alguna de estas almas como alguien que está contigo en tu vida actual? —pregunté.

—Mi hijo en mi vida pasada es mi hermana, Claire, en esta vida. Su esposa es Danny, el hijo de mi hermana en esta vida actual.

—¿Aproximadamente cuántos años tienes?

—Setenta.

—¿En qué año estamos? Mira los números en tu mente.

—1882.

—¿En qué país has vivido la mayor parte de tu vida?

—Austria.

—¿Qué está sucediendo a tu alrededor o dentro de ti que sugiere que tu muerte física llegará al final del día?

—Siento una certeza en el corazón.

—¿Cómo te sientes con respecto a esta vida que acabas de vivir?

—Siento que he recorrido un largo camino —dijo Sarah con satisfacción—. Al principio de mi vida, estaba muy sola. Creo que por eso elegí en esta vida [actual] estar rodeada de tantos hermanos y hermanas. No quería volver a pasar por eso sin amor y apoyo a mi alrededor. Finalmente concebí un hijo en una etapa posterior de mi vida, y su esposa llegó a ser un gran consuelo para mí también. Era mi único hijo. Me sentí muy feliz de poder crear por fin una familia después de haber sido empobrecida y mal recibida. De alguna manera me abrí camino hacia una vida mejor. Me siento en paz con ello y feliz de haber decidido hacerlo.

Dirigí a Sarah para que dejara el cuerpo físico en la vida pasada.

—¿Dónde estás ahora en relación con tu cuerpo? —le pregunté.

—Sobre el pueblo. Me estoy despidiendo y dando las gracias a mi familia. —Comenzó a llorar de nuevo.

—Tómate el tiempo que necesites.

—Es difícil irse. —Suspiró. Y después de unos momentos, dijo—: Está bien.

—Antes de que nos preparemos para alejarnos de tu cuerpo y comenzar tu viaje de vuelta a casa, ¿hay algún asunto pendiente en la Tierra que te gustaría atender? —pregunté.

—Hay algo con mi marido.

—Dirígete a él ahora. Puedes hacerlo. ¿Qué es lo que deseas tratar con él?

—Quiero decirle que lamento no haberlo amado plenamente como él me amó o como hubiera deseado hacerlo. Que le agradezco la vida que me ha dado, que lo quiero mucho, mucho, que siento haberlo rechazado físicamente y no haber podido recibir el placer que él quería darme.

Sarah no había mencionado ninguna de estas cosas en sus descripciones de las escenas de vidas pasadas, pero su importancia era, sin embargo, evidente. Le pedí que viajara en su cuerpo espiritual hasta su marido en la vida pasada. Nos detuvimos unos instantes mientras lo hacía.

—Lo encontré —me dijo.

—Tienes la capacidad de comunicarte telepáticamente con él —le indiqué—. Adelante, háblale de lo que me acabas de contar. Tómate el tiempo que necesites.

—Era Kevin —afirmó al reconocer repentinamente a su marido de la vida pasada—. Kevin es un hombre con el que salí cuando era más joven en mi vida actual.

—Cuéntale todo lo que quieras. Dime cuando estés lista para continuar.

Tras una pausa dijo:

—Estoy lista.

Guie a Sarah para que se alejara del plano terrestre y regresara a nuestro Hogar no físico. Me dijo que veía una luz brillante por encima de ella, y la invité a avanzar hacia la luz.

—Lo primero que noto —dijo— son nubes de color azul y rosa pastel. Me dirijo hacia un edificio con unas columnas y una parte superior circular. Delante hay una pequeña plaza [del pueblo]. Allí me esperan algunas personas. Son mi abuela, mi padre —aquí Sarah rompió a llorar—, mi tío Jim y mi madre. Mi madre está muy contenta. Está saltando como si me hubiera echado de menos. Es como un duendecillo. ¡Hace tanto tiempo que no podemos hablar! Mi tío Jim sonríe. Mi abuela es muy importante para mí.

Le dije a Sarah que se tomara un momento en privado con su familia para agradecerles que hubieran venido, para expresarles su amor y permitirles expresar su amor por ella. Tras unos momentos de silencio, Sarah comenzó a transmitirme textualmente lo que su familia le decía. Cada vez que hablaba, empezaba diciéndome quién era el que tomaba la palabra.

—Fue maravilloso ser tu padre —dijo el padre de Sarah tanto a ella como a través de ella—. Era un placer verte y jugar contigo, sobre todo cuando eras pequeña. Eras una niña atolondrada, llena de energía e inteligencia. Y eras muy exigente.

—Cuando eras pequeña y estabas aprendiendo a caminar —dijo la madre de Sarah— tenía que darles monedas de cinco centavos a tus hermanos para que te ayudaran. Te agarrabas a sus dedos y caminabas y caminabas y caminabas. Si se aburrían y te bajaban, gritabas —su madre se reía ahora— hasta que les pagaba para que te hicieran caminar de nuevo. Eras una buscadora [espiritual] desde los primeros momentos de tu infancia. Me encantaba llevarte de un lado a otro. Te habría llevado a cualquier sitio. Disfrutaba viéndote intentarlo todo.

Sarah lloró bajito mientras su madre hablaba a través de ella.

—Sarah —le indiqué—, me gustaría que les preguntaras por qué se te mostró esa vida pasada en particular que viste.

—Se te mostró porque tiene relación con esta vida [actual] —dijo su abuela—. Ese hombre grande que te violó, en esta vida que estás viendo actualmente, te violó durante muchos años en tu infancia, y esa situación te confundió.

»Como formaba parte de tu vida, te creías responsable. Te sentías culpable, y por eso no querías contárselo a nadie. Era importante ver esa otra vida, porque allí es mucho más fácil ver que lo que él hacía estaba mal, que tú no eras responsable y que era un comportamiento suyo y no tuyo. La similitud de tu personalidad y tu aspecto —incluso cuando eras pequeña— atrajo a tu hermano a hacer eso. Pero tu luz es tu luz; nadie puede apagarla.

Con esto Sarah lloró más fuerte. Hice una pausa para darle un momento.

—Sarah —sugerí—, me gustaría que preguntaras a tu familia qué está haciendo tu hermano en su vida actual.

—Tu hermano está aprendiendo a responsabilizarse de quién es y de lo que hace —respondió el padre de Sarah—. Está trabajando en responder a un impulso superior dentro de sí mismo. Está luchando con esto ahora.

—El vínculo que provocó esa situación de abuso se está rompiendo —intervino el tío de Sarah—. Era un vínculo más del lado de tu hermano. Tenía una fijación por ti. Querías darle la oportunidad de redimirse.

Aquí tuvimos una gran revelación. Por su gran amor y en servicio del alma de su actual hermano, Sarah había aceptado, como parte de su plan previo al nacimiento, la posibilidad del incesto. Como almas, a menudo estamos dispuestos a asumir tales riesgos para proporcionar a nuestras almas compañeras las oportunidades de crecimiento que necesitan. (Remito a los lectores al capítulo sobre el incesto de mi segundo libro, *El don de tu alma*).

Hablando como uno, la familia de Sarah explicó entonces que en la vida pasada ella se sentía culpable por no tener relaciones sexuales más a menudo con su marido y también por sentirse atraída por su hermano, que es Jim en su vida actual. Ambas formas de culpa se han arrastrado energéticamente y ahora impiden la intimidad física con Jim.

—Sarah —sugerí—, pregúntale a tu familia qué es lo que planeasteis específicamente tú y Jim con respecto al sexo para vuestra vida actual y por qué.

Con esto, Sarah anunció que el alma de Jim estaba presente y quería hablar a través de ella.

—Tanto Jim como Sarah querían integrar el sexo y el amor —dijo el alma de Jim—. Ambos tienen miedo. Ninguno de los dos quiere sentirse rechazado. Jim la ama. Una parte de él por fin se relaja lo suficiente como para sentir ese amor tal y como se expresa de forma cotidiana y mundana.

—¿Sabían Sarah y Jim, antes de entrar en el cuerpo, que tendrían este periodo de años en el que estarían bastante inactivos sexualmente? —pregunté.

—Por supuesto que sí —confirmó el alma de Jim—. Es un periodo de tiempo en su encarnación para cambiar su comprensión de la pura lujuria al amor sexual y también para ganar claridad sobre lo que es el amor. Tanto Sarah como Jim han tenido dificultades para creer en el amor del sexo opuesto. Esto ha sido un tema en muchas vidas. Ambos fueron muy capaces de manipular al sexo opuesto. Y ambos fueron muy duros con esas parejas. Necesitaban aprender que un amor profundo y un matrimonio podían sostenerse sin sexo para integrar plenamente el amor en la expresión posterior de la sexualidad.

Le pregunté al alma de Jim si Sarah y Jim habían aprendido plenamente esta lección o si les quedaba algo más por aprender.

—Ese «algo más» es la sinceridad —respondió el alma de Jim—. No son falsos el uno con el otro, pero no se abren tanto como podrían. Así que el «algo más» es compartir y abrirse completamente el uno al otro. No solo «voy a ser abierto ahora», sino más bien «voy a dejar que desaparezcan los límites. Voy a ser del todo consciente de que, pese a mi inquietud, es a ti a quien deseo abrirme por completo». No es solo decir lo que se piensa o se siente. Es un sentimiento sin reservas y una confianza profunda y duradera. Todavía no tienen eso.

—¿Cómo podrían Sarah y Jim alcanzar este tipo de apertura y confianza completas? —pregunté.

—Que sigan superando poco a poco sus límites hasta que la apertura sea real —aconsejó el alma de Jim—. Que, si sienten miedo, se dirijan hacia el amor. Que, cuando estén asustados, piensen en lo que sería más amoroso hacer y lo hagan. El deseo de Jim es amar profundamente y sentirse totalmente digno de amor en esta vida.

—Entonces —dije—, ¿lo que se interpone en el camino de Sarah y Jim para tener una vida sexual más activa y una mayor apertura e intimidad son las dos formas de culpa que Sarah arrastró energéticamente de la vida pasada, además de un miedo mutuo a decepcionar al otro?

—Sí —afirmó el alma de Jim.

—En una relación es importante saber si te comportas por miedo o por amor —añadió la abuela de Sarah—. Si sientes miedo, dale la vuelta y pregúntate: «¿Qué sería el gesto más amoroso en este momento?», y hazlo.

»En el matrimonio no hay reglas —continuó—. No tiene por qué ser ni debe ser de ninguna manera determinada. Lo único que cuenta es el amor. Deja que eso te guíe. Cuando te sientas insegura acerca de la falta de sexo, acuérdate de pensar de una manera más amorosa hacia ti o hacia tu marido. Acostúmbrate a pensar más amorosamente, y verás cómo eso te ayuda.

—Sarah —pregunté—, ¿qué más puede decirnos tu familia acerca de lo que tú y Jim planeasteis antes de nacer con respecto al sexo y al amor?

—Jim confiaba en que la relación iba a ser tan importante para Sarah que nunca jamás se rendiría —respondió al unísono la familia de Sarah—. No solo sabía que ella nunca se daría por vencida una vez que se encontraran, sino también que, para empezar, jamás renunciaría a encontrarlo. Los dos eran conscientes de que eso llevaría mucho tiempo, y no importaba, sabían que tenían mucho terreno que recorrer en su relación antes de estar juntos, ya que encontrarse demasiado pronto en esta vida habría resultado un fracaso. Ambos tenían que llegar a un punto en el que tuvieran suficiente experiencia con otras personas y pasar por algunas lecciones antes de llegar el uno al otro, donde esperaban aprender la lección definitiva.

—¿Cuál es la lección definitiva? —les pregunté.

—Amarse a sí mismos lo suficiente como para sentir el valor que aportan, de modo que el temor desaparezca y sus reacciones hacia los demás no sean provocadas por el miedo.

—Descubro que únicamente me siento ofendida o herida cuando no me estoy amando de verdad —observó Sarah, hablando ahora como ella misma—. Eso es algo muy importante que hay que aprender. Si Jim es desconsiderado, es él. Si yo elijo ser herida, soy yo.

Pregunté a la familia de Sarah qué más tenían que aprender ella y Jim sobre el sexo y el amor.

—Lo que les gustaría aprender sobre el sexo y el amor —respondió la abuela de Sarah— es cómo expresar toda la gama de dolor, alegría, profundidad, belleza intrínseca y el poder de creación que hay en el amor, y que *es* en sí el amor. Están juntos para llevar al cuerpo el poder creativo del amor del Espíritu, curarse a sí mismos y a los demás, y brindar ese poder al mundo de formas creativas que aún no han imaginado.

»Uno de los principios fundamentales de la vida es que aquello en lo que nos centramos se incrementa. Cuando añadimos amor a aquello en lo que nos enfocamos, imbuimos nuestra atención con el poder transformador de lo Divino. La combinación de atención y amor bendice y eleva todo. Por medio de su relación, Sarah y Jim estaban en el proceso de recordar este poder, un poder que conocían antes de nacer y que luego eligieron olvidar. Al recordarlo, llegan a un conocimiento más profundo del poder del amor, un conocimiento que no sería posible sin el olvido temporal.

—¿Qué significa reconfortar verdaderamente a otra persona? —pregunté a la familia de Sarah—. ¿Qué se requiere para hacerlo?

—El requisito más importante —dijo su familia al unísono— es creer en esa persona y reflejarle su belleza, su valor y su bondad definitivos, así como la certeza de que todo está bien y siempre lo estará. Y el contacto físico es muy importante: llevar todo ese poder creativo del amor a tus brazos y abrazar a otro ser humano.

—Me gustaría tener el punto de vista más elevado posible —les dije—. ¿Cuál es el papel del sexo en las relaciones amorosas humanas? Para empezar, ¿por qué somos seres sexuales?

Sarah anunció entonces que su alma estaba presente e iba a hablar a través de ella.

—El papel principal del sexo es [ayudaros a] recordar que sois espíritus, para que compartáis una experiencia cada vez mayor de la propia creación. El amor humano es solo una pequeña parte de Todo lo que hay, y Todo lo que hay es Amor. No existe nada más. Así que, cuando estás en el cuerpo, es natural querer tocar una fuente creativa. Dado que la fuente creativa es el Amor, tu reencuentro de alma a alma en la vida física cuando te encuentras de nuevo enciende esa chispa de Amor. Vas detrás de esa luz como una polilla detrás de una llama para llegar a un punto en el que puedas tocar la creación. Estás pasando los límites y experimentando la vida donde se origina, esa parte entre lo manifiesto y lo no manifestado. Así que el propósito del sexo es en realidad el propósito más elevado de la vida: expresar el amor y tocar la fuente creativa.

—Sarah, cuando preguntamos por primera vez sobre la poca frecuencia de las relaciones sexuales entre tú y Jim, nos dijeron que no hay reglas, ni deberes —recordé—. ¿Podría el Espíritu extenderse sobre ese tema?

—Es muy importante —aconsejó la abuela de Sarah— no atarse a esperar de tu vida, de ti misma o de los demás el cumplimiento de una fantasía. Permanece en el momento del amor. Cada momento es una expresión de amor o un relativo fracaso del amor, ya que el amor es todo lo que hay.

—Estar cerca de tu ser sexual y aceptarlo es una forma de mantenerse en contacto con el Espíritu —añadió el padre de Sarah—. El Espíritu es amor, y el mundo es físico. Por lo tanto, el amor físico —la sensualidad— es la expresión plena del amor en el reino físico.

—Ahora tenemos que concluir —le dije a Sarah—. Me gustaría que hablaras un momento en privado con todos los que están ahí, les ofrecieras tu gratitud por todo el amor y la sabiduría que han compartido contigo hoy y les permitieras expresar el amor y la gratitud que sienten hacia ti. Tómate todo el tiempo que necesites. Avísame cuando estés dispuesta a continuar.

—Me alegro de veros a todos —dijo Sarah a su familia. Hicimos una pausa durante un minuto mientras ella lloraba suavemente—. Gracias por estar conmigo. Estoy lista.

—Antes de marcharnos —le indiqué—, me gustaría que les pidieras una sanación energética a todos los niveles: físico, emocional, mental y espiritual. Cuéntame lo que ocurre a continuación.

—Ahora los cuatro parecen más bien seres de luz —describió Sarah—. Se están elevando. Se transforman en una cascada de luz. Están rodeando mi cuerpo y derramando esa luz dentro de mí. Componen una cápsula en forma de bala a mi alrededor. Siento que mi corazón se abre y recibe. Siento su ánimo y su amor y su alegría por estar juntos de nuevo y por estar a mi lado. Siento a mi madre y a mi padre, que son tan felices juntos. Son tan parte el uno del otro como lo eran cuando fueron mis padres. Siento tanto su individualidad como su unidad entre ellos y conmigo. Percibo una verdadera alegría dentro de la sabiduría.

Una vez completada la sanación, le sugerí a Sarah que recordara todo lo que había experimentado hoy. Entonces la guie lenta y gradualmente para que saliera del estado de trance y volviera a su estado de vigilia. Permanecimos en silencio durante unos instantes mientras ella volvía a orientarse.

—Hola, Rob; estoy lista —anunció.

—¿Qué te ha parecido?

—Hubo varios momentos en los que supe que estaba recibiendo información avanzada o nueva que ha vivido dentro de mí pero de la que aún no había sido consciente.

—¿Cómo lo supiste?

—Sentí que me unía a algo más. La comprensión estaba en parte dentro de mí, pero iba más allá de mi entendimiento. Fue muy emotivo. Estuve llorando mucho durante todo el proceso —dijo Sarah, ahora riendo—. Incluso cuando no parecía que estaba llorando, salían lágrimas.

»Cuando rezaste la oración al principio, fue como ¡buuum!, todos estaban allí, y golpeaban la puerta para entrar, como si no quisieran esperar hasta el final del espectáculo. Además, fue la emoción de estar por fin con alguien que podía consolarme. No es que Jim no pueda hacerlo, pero sentí que estaba con alguien que me entendía completamente y que tenía muchas ganas de ayudar.

Le pregunté a Sarah qué era lo más importante para ella de la experiencia.

—Saber que hay una razón real para lo que sucede en mi vida y en mi matrimonio. La idea de que tenía que haber un tiempo sin sexo para celebrar el amor. En la mayoría de las relaciones de Jim antes de mí, todo giraba en torno al sexo y no tanto al amor. Creo que soy la primera persona de la que se ha enamorado.

—Sarah, ¿tu comprensión del papel del sexo en las relaciones humanas es diferente como resultado de lo que has oído hoy?

—Sí, muy diferente. Jamás me había centrado en la manifestación física de la fuente inicial y creativa. Es como llevar el amor de lo inmanifestado a lo manifiesto. Esa es la «distancia» más larga que se puede recorrer. Así que llevar el amor hasta el final y expresarlo en forma física es, en realidad, algo muy espiritual. Hasta ahora lo había dicho alguna vez de boquilla, pero nunca lo entendí ni lo sentí de verdad. Ahora sí. Lo entiendo con mayor profundidad y de una manera que realmente se relaciona con mi vida en particular.

—¿Tienes alguna idea de cómo podría cambiar tu relación con Jim en el futuro?

—Hay un nivel de comodidad ahora con esta nueva comprensión y seguridad. Tengo una confianza renovada en que todo está bien.

—¿Qué más crees que te ha aportado la sesión?

—La verdad es que en esa vida pasada sentí placer durante la violación. Eso fue muy confuso [para mí en esa vida], porque no sabía nada sobre el sexo, y entonces este hombre me violó, y a pesar del dolor y el miedo también había placer. Aquello me impidió tener relaciones sexuales con mi marido, pero también me hizo desear esa sensación [de placer] que nunca me permití tener de nuevo en esa vida. Así que creo que estoy tratando de integrar esa experiencia con Jim para poder finalmente tener el placer junto con el amor en lugar de amor sin placer o ausencia de amor y placer. Estoy tratando de conseguir que ambas cosas se unan para mí.

—¿Crees que lo que has aprendido hoy te ayudará a conseguirlo?

—Sí, creo que sí.

Sesión de Sarah con Pamela y Jeshua

La regresión del alma entre vidas de Sarah nos había dado mucha información sobre su plan para su vida actual. Para ver qué más podríamos aprender, Sarah y yo hablamos con Pamela y Jeshua.

—Comenzaré con una pregunta: ¿planearon Sarah y Jim antes de nacer tener, o al menos la posibilidad de tener, una relación sentimental en la que apenas hubiera sexo? La pregunta más amplia es esta: ¿planifican las parejas esta situación? Y, si es así, ¿por qué?

Pamela cerró los ojos para concentrarse en Jeshua. Los tres permanecimos en silencio durante unos momentos. Como siempre, esperaba la presencia de Jeshua con entusiasmo.

—Hay mucho amor dentro de ti —le dijo Jeshua a Sarah cuando empezó a hablar a través de Pamela—. En tu corazón brilla una gran luz; sin embargo, aún no eres del todo consciente de lo que esta luz significa. Concretamente, tienes una tendencia a querer llevar a otras personas a la luz, a cuidarlas, pero a veces esto te lleva a alejarte de tu centro. Entonces pierdes la conexión con la tierra, dejas de estar en contacto con tus propias necesidades y deseos. Es importante que vuelvas a tu ser, que te mantengas arraigada firmemente y veas la relación en la que estás desde ese punto de vista. En este momento hay una especie de enredo entre tu [energía] y la de Jim; quieres cuidar de él con un profundo sentimiento de amor y compasión. Pero hay momentos en los que el amor puede convertirse en una carga o ser demasiado para la otra persona, y esto puede crear problemas. ¿Es verdad lo que estoy diciendo?

—Sí —confirmó Sarah—. En mi relación con Jim, me someto, porque es más fácil que discutir. Soy muy sumisa. Suelo renunciar a mis deseos en favor de los suyos.

—No es solo sumisión —aclaró Jeshua—. Es tu miedo a la soledad. Te comportas como si fueras una persona insignificante. Y aunque separas esa parte tuya sumisa de quien realmente eres, sigues rebajándote por miedo a estar sola.

—Y esta soledad tiene que ver esencialmente con abrazar tu propia vida —añadió Pamela—. Tienes miedo de tu propia luz, es decir, de tu poder creativo y de tu energía masculina.

—Es cierto —reconoció Sarah—. No sé cómo aceptar mi poder.

—Se ha grabado en la consciencia colectiva femenina —continuó Jeshua— que como mujer tienes que estar al servicio o al cuidado de otras personas, especialmente de un hombre, y esto se ha convertido en parte de la identidad de la mujer. Ejercer este papel de empatía y comprensión, estar muy alerta y absorber siempre la energía del otro, está impidiendo a las mujeres aceptar realmente su autonomía, su fuerza.

»La energía sexual es energía vital. Básicamente, el sexo es vida. Es una energía profundamente creativa, y no solo se siente en el dormitorio cuando se tiene sexo físico. Es un concepto mucho más amplio. Se trata de la renovación, la originalidad y la creación, de crear algo nuevo. Cuando dos personas se encuentran y sienten esta atracción, hay algo por explorar, por descubrir, y esto puede sentirse como una atracción magnética entre dos individuos. Hay un intenso deseo, no únicamente de sensaciones físicas, sino de conocerse, y a través del conocimiento mutuo ambos crecen. Por lo tanto, el proceso de entablar una relación es profundamente creativo. Esto es lo que realmente es la sexualidad en un nivel más profundo.

»En tu caso, Sarah, lo que sientes es que en un nivel más profundo o del alma tú y Jim no camináis el uno al lado del otro. Estáis en caminos diferentes, a pesar de que os queréis. Deseáis estar juntos; sin embargo, ambos necesitáis enfrentaros a ciertas cuestiones por vuestra cuenta. No todo se puede compartir.

»Cuando la atracción y la intimidad disminuyen, es importante abordarlas a nivel interno. Hay dos razones por las que pueden disminuir o desaparecer. Una es que uno o ambos miembros de la pareja tengan miedo de abordar sus propias sombras, que inevitablemente saldrán a la luz en una relación íntima. Cuando no son capaces de enfrentarse a este tipo de honestidad o apertura, pueden cerrarse y la comunicación dejará de ser abierta y fresca. Entonces las parejas adquieren ciertos hábitos y patrones, y se las arreglan, sobreviven, pero no ocurre nada nuevo.

»Hay otra razón por la cual la atracción podría detenerse o apagarse lentamente. A veces dos almas se encuentran en una vida terrestre, y tienen algo especial que compartir. Se animan mutuamente a un nivel más profundo para enfrentarse a ciertos problemas, y también sienten esta alegría creativa juntos. Sin embargo, no todos estos encuentros o relaciones están destinados a durar como en un matrimonio de treinta años. Así que, en ocasiones, también hay un final natural de una relación porque la dinámica que unió a dos personas se ha agotado. Se acaba de forma natural. Los seres humanos lo consideran un fracaso, pero desde el punto de vista del alma no tiene por qué serlo.

Las palabras de Jeshua me recordaron cómo gran parte de la vida humana no es lo que parece. Donde la personalidad suele percibir el fracaso, el alma ve el crecimiento completo.

—Sarah —añadió Jeshua—, te reprimes porque ves tu propio poder, y sientes que Jim se quedará estupefacto si le muestras toda tu luz, tu sabiduría. Sientes una especie de timidez o modestia al respecto, pero no puedes renunciar a ello. Tienes que mostrar tu verdadero yo. Es como si quisieras protegerlo a él y, por otro lado, esto te frustra, y entonces te contienes.

A continuación, pregunté a Pamela y a Jeshua qué habían planeado específicamente Sarah y Jim con respecto al sexo. Nos quedamos en silencio un momento mientras Jeshua se apartaba y Pamela accedía a una de las vidas pasadas de Sarah.

—Veo una vida pasada en la que tú y Jim os conocíais –dijo Pamela a Sarah–. Él era tu padre. Te quería mucho. En esta vida pasada, de niña eras muy introvertida. Eras una soñadora y tenías una rica vida interior, pero te la guardabas para ti. Por lo tanto, eras un poco retraída y tímida.

»Él siempre te animaba. Era más abierto que tú, estaba más en el mundo por así decirlo, pero se encariñó contigo. Eras su ojito derecho, su tesoro. Sin embargo, llegó un momento en que te sentiste un poco prisionera de esa relación padre-hija. Un día, cuando ya eras una mujer joven, quisiste liberarte de ella. Para entonces su energía, que antes era muy cálida y cariñosa, se había vuelto demasiado protectora, incluso dominante y restrictiva.

»Te alejaste de él. Otro hombre entró en tu vida. A tu padre no le gustaba nada; era celoso y crítico. Te sentías dividida por dentro. Había un problema de lealtad.

»Además, en esa vida querías escribir. Tenías una fuerte conexión con una energía superior, una guía. Querías transmitir esta información, esta sabiduría, y escribir sobre ella. Esto está muy conectado con lo que Jeshua llamó tu luz. Se trata de querer traer una nueva conciencia a la sociedad. Lo hiciste en la vida pasada, pero fue difícil. Te metiste en problemas [con tu padre].

»Al principio de esa vida, parecías una chica tímida, introvertida y sensible, pero en esa sensibilidad había un gran potencial porque tenías fuertes visiones interiores. Más adelante, en esa misma vida, quisiste expresarlo, pero entonces tu padre no te apoyó porque no te conocía de esa manera. Así que todo terminó con emociones muy contradictorias. Siempre lo quisiste y deseabas que hubiera paz entre los dos, pero él seguía culpándote porque lo habías abandonado.

—Todo tiene mucho sentido —confirmó Sarah—. En esta vida [actual] no deja de darme todo tipo de consejos, como si creyera que no sé cómo comportarme o salir adelante.

—Creo que sabe perfectamente que eres muy capaz de hacerlo por ti misma —replicó Pamela—, pero intuyo que teme a lo que pasara si sabes que ya no lo necesitas. Percibo ese miedo al abandono, un miedo a quedarse solo.

—Pero los dos tenemos el mismo miedo —nos dijo Sarah—. Él tiene miedo de que lo abandone, y yo tengo miedo de quedarme sola sin él.

Pamela nos avisó entonces de que Jeshua quería volver a hablar.

—Tu alma quería reencontrarse con él en esta vida —informó a Sarah—. Al principio os dabais una sensación de calor, de ternura y de pertenencia. Pero luego, poco a poco, volviste a caer en ese viejo patrón, que suele ocurrir cuando algo no se resuelve en una vida pasada. Se repetirá porque quieres resolverlo. *Resolverlo* significa resolverlo por ti misma. No podéis resolverlo todo juntos. Tú tienes tu propio camino. Tu alma quiere que en esta vida te abras a tu luz única.

»También [tu alma quiere que te abras] a lo que significa enfrentarte a la gente, que no seas convencional, que digas cosas a las que algunos pueden tener miedo o resistirse. Eso es lo que quiere tu alma, y también liberarte de esa sumisión femenina colectiva.

—Lo que me parece sumamente interesante —replicó Sarah— es que Jim y yo participamos en un programa, el de Empoderamiento de la Mujer y Comprensión del Género, que iniciamos con la empresa. Damos clases a hombres y mujeres sobre la comprensión del género. Estoy tratando de llegar al otro lado de esta vida, siendo yo misma plenamente y liberándome de este patrón de dejar que él, en particular, tome el control. Pero debo tener cuidado y hacerlo con suavidad para que sepa que en ningún caso estoy actuando contra él, porque así es como lo percibe a menudo.

—En cierto modo no estás siendo sincera —señaló Jeshua—, porque una parte de ti se está sometiendo. En lo más profundo de tu ser tienes ciertos prejuicios sobre Jim, y esta parte la retienes para mantener la paz; sin embargo, él lo percibe, y eso le hace sentirse inseguro. Esta inseguridad puede hacerle actuar de forma poco agradable o que se vuelva crítico o dominante. Tienes que enfrentarte a esta cuestión de fondo, Sarah, porque tu posición no es clara, sino ambigua. Debes asumir tu poder y ver qué sucede. No puedes controlar lo que ocurrirá con la relación, pero tu misión más importante desde la perspectiva del alma es abrazar por completo este poder, esta luz, tu inspiración, para expresarte de verdad y no dejarte frenar por este desempoderamiento femenino colectivo.

—Sarah, cuando discutís tú y Jim —dijo Pamela, hablando ahora con su propia cadencia y tono—, ¿tienes miedo de enfadarte en un momento así?

—Mucho —respondió—. Me da pánico. Enseguida me dice «no puedo vivir así», «no voy a estar en un matrimonio donde peleamos» o cosas por el estilo. Me lo ha dicho en más de una ocasión. Creció [en un hogar] donde sus padres estaban siempre discutiendo, y no lo soporta. Sé que no me va a dejar, pero no aguanto las peleas. Tengo que averiguar cómo decir las cosas de forma que le lleguen.

—Pero en este ejemplo en concreto, él se enfada y se siente libre de expresarlo ante ti —dijo Pamela—. Entonces tú te haces responsable de su miedo a discutir y del tuyo también. Asumes toda la carga, y luego decides: «Voy a bajar la voz». Esto ayudará quizás a corto plazo, pero no a la larga, porque te lo guardas.

Con eso, la consciencia de Pamela se apartó, y volvió Jeshua.

—Enfádate. Solo eso —le aconsejó.

—¡Es que me da mucho miedo! —Sarah comenzó a llorar—. Y sé que es... Sé que a la mayoría de las mujeres les da miedo.

—¿Puedes explicarme por qué te asusta tanto enfadarte? —preguntó Jeshua con suavidad.

—Es el miedo a la soledad. Si me enfado, me quedaré sola, porque dejará de dirigirme la palabra. Es lo que hace siempre. No soporta verme enojada.

—Ya te sientes sola en esta relación —señaló Jeshua—. Pero la soledad por excelencia es la falta de conexión contigo misma, tu verdadero yo, tu alma, tu inspiración, tu intuición... Cuando te comportas como si no valieras nada y tratas de mantener la paz, eres deshonesta contigo misma y con la situación. Esto también puede crear una sensación de soledad, y es mucho peor que estar solo.

—Eso es cierto. Ahora me siento sola cada vez que no digo lo que de verdad pienso, y me siento conectada con Jim cuando me expreso con sinceridad.

—Es cuestión de coraje —le dijo Jeshua a Sarah—. Todo esto tiene que ver con el coraje, porque tú ya lo sabes todo [lo que tienes que hacer].

—¿Sabes lo más gracioso? Pues que uno de los ejercicios que hago con las mujeres de mi clase —dijo Sarah riendo—, se llama «El buscador de coraje».

—El tema de la dominación masculina es muy importante; sin embargo, tiene dos caras —afirmó Jeshua—. En el pasado, las mujeres se veían impotentes debido a los roles que tenían que cumplir, como madre y esposa. No podían expresarse públicamente. No obstante, los hombres también estaban muy restringidos en cuanto a la autoexpresión. Se les permitía —o era su deber— trabajar, ganar dinero, luchar en el ejército, ir a la guerra. En realidad, los típicos roles masculinos no eran tan liberadores para los hombres. Así que, aunque fueran el sexo dominante, su interior o su alma no se nutrían con los roles que tenían que cumplir. Habían sido apartados de sus sentimientos —su corazón—, que son un elemento esencial para conectar con el alma.

»Tanto los hombres como las mujeres han sufrido mucho, y lo siguen haciendo, por estos roles tan restringidos. Ha llegado el momento de liberarse de ellos, porque es la única manera de que ambos sexos puedan entrar en contacto más profundo con la esencia de sus almas, con su energía anímica individual y única. En el momento en que te identificas excesivamente con un papel masculino o femenino, tal y como se define tradicionalmente, limitas el poder de expresión de tu alma. Esto es válido tanto para los hombres como para las mujeres.

»Es importante que las mujeres entiendan su papel hoy en día —continuó—. Si se identifican demasiado con ser víctimas de los hombres y entran en un estado de ira y frustración por ello, no será la dinámica adecuada para resolver el problema, porque los hombres también han sido heridos. Cuando los hombres se cierran o se bloquean emocionalmente, o cuando se vuelven agresivos o se frustran por las exigencias que se les imponen en las relaciones, es muy importante que las mujeres vean y empiecen a comprender la historia de la energía colectiva de los hombres. Ellas tienen un papel protagonista en este sentido. Solo así podrá la mujer crear un puente de sanación entre los géneros.

—¿Cómo afecta esto a la relación sexual para mí y para los demás? —preguntó Sarah.

—Necesitar al otro sexualmente debería ser una expresión del deseo del alma de conexión y alegría —respondió Jeshua—, y los roles tradicionales prescritos a hombres y mujeres deberían dejarse de lado. Habría que hablar más de la expresión de los individuos y de conectarse realmente, de comunicarse a un nivel muy íntimo. La sexualidad se ha entrelazado profundamente con el poder y el abuso de poder. Hay muchos traumas emocionales relacionados con la sexualidad. La comunicación es la clave en este ámbito.

»Además, es importante que las mujeres maduren, que salgan de ese papel de víctimas o de culpables y que asuman realmente su propio poder creativo. Entonces habrá un renacimiento de la energía femenina en ellas, y se integrará naturalmente con el aspecto masculino, que también está en las mujeres. Por lo tanto, son ambos. Cuando esta integración natural ocurra en las mujeres, se volverán más independientes y autónomas, y su relación con los hombres será mucho menos estresante. Habrá menos expectativas. En cierto modo, las mujeres liberarán a los hombres para que sean quienes son; ya no tendrán que cumplir un papel arquetípico. Entonces los hombres serán libres de ser quienes son, como las propias mujeres.

—Me gustaría volver a la pregunta central —interrumpí—, que creo que hemos respondido parcialmente: ¿por qué Sarah y Jim no son sexualmente activos juntos? ¿Esto estaba planeado antes del nacimiento? Y, si es así, ¿por qué?

—Al principio se produjo una fuerte atracción, un reconocimiento de las almas —afirmó Jeshua—. En parte, la intención de esto era que se reprodujera la lucha o el conflicto que sostuvieron en la vida pasada para que ahora eligieran una salida más liberadora. Sarah, tu alma quería enfrentarse a este asunto con el fin de liberarse de miedos muy antiguos: el miedo a la autoexpresión, en particular el miedo a la autoexpresión como mujer. Planeaste enfrentarte a este problema. En realidad, la cuestión de la intimidad sexual es secundaria, lo importante es cómo os relacionáis con el otro en general. No es una cuestión independiente en sí; tiene que ver con toda la dinámica de la relación.

»Sarah, deberás decidir, después de profundizar en tu interior, si lo que está ocurriendo entre los dos es una fase temporal o si la dinámica ha llegado a un final natural. Pero esto no me corresponde a mí decirlo; es parte de tu proceso descubrirlo por ti misma.

—Jeshua, ¿qué más puedes aconsejar a Sarah y a Jim respecto a cómo enfocar su vida sexual ahora? —pregunté—. ¿Cómo pueden revitalizarla? En particular, ¿cómo les aconsejarías que manejaran cualquier tipo de tristeza, miedo o crítica hacia ellos mismos o hacia su pareja?

—Si de verdad queréis trabajar en ello, tenéis que ser abiertos los dos —aconsejó a Sarah—. No hay que tenerle *tanto* respeto a los sentimientos del otro, porque hacerlo te bloquea a la hora de expresarte y eso no ayuda a la relación. Sé abierta incluso con las emociones más agresivas. De este modo, lo estarás tratando como a un igual. La cuestión básica es emocional, no sexual, pero las emociones son lo que dirige la sexualidad. Sentir atracción o excitación física no es un proceso independiente; está muy ligado a las emociones.

»La sexualidad es tan directa, tan instintiva, que en este ámbito no puedes esconderte. Si, por ejemplo, intentas mantener la paz constantemente, tu energía se bloquea. Ya no eres espontánea, y por tanto el sexo tampoco lo será cuando ambos tengáis emociones reprimidas. Así es como se bloquea tu propia sexualidad, Sarah. Cuando no te abres por completo a nivel emocional y no te enfadas nunca, lo que hay en esa ira que no dejas salir *es* tu energía sexual. Es tu sensualidad, tu fuego, tu pasión. Al reprimirla, para tratar de mantener la paz o porque seas muy responsable o estés intentando ayudarlo a él, lo que en realidad haces es reprimir tu propia energía sexual, que es energía creativa. La energía sexual también es la energía del alma. No es independiente de ella.

—Mi energía sexual me causó graves problemas cuando niña —dijo Sarah con tristeza.

—Sí, lo veo —dijo Pamela, ahora hablando como ella misma. Estaba sintonizando con la energía del abuso sexual de la infancia de Sarah—. Te veo como un nubarrón. Esta es tu rabia, tu frustración, pero hay barrotes de prisión alrededor de ella, unos barrotes muy antiguos. Tuviste la experiencia de no poder expresar tu rabia, pero debo decir que en esta relación particular con Jim, tu memoria kármica, la memoria de tu alma, es que no pudiste expresarte libremente en la vida pasada. Por lo tanto, tienes el recuerdo de que no puedes ser tú misma con él. Podría ser difícil en cualquier circunstancia dejar salir una emoción tan violenta, pero con él hay una carga extra debido a la historia kármica.

—Ahora me gustaría pedirle a Jeshua que hablara a los lectores —dije—. ¿Qué les diría a quienes tienen una relación comprometida en la que hay poco o nada de sexo?

—Que investiguen las razones y se abran al otro sin juzgarlo —me sugirió—. La sexualidad y la intimidad están rodeadas de [sentimientos de] vergüenza, de fracaso y de no valer lo suficiente. Es un tema muy delicado. El primer paso que deben dar los dos miembros de la pareja es decidirse a abordar y reconocer el sufrimiento mutuo.

»Reconocer que una cuestión sexual guarda relación con la totalidad de la energía de una persona. No es una parte separada. Tiene que ver con tu energía vital: con estar a gusto contigo, con tu energía más verdadera y única. Por eso la sexualidad tiene tanta importancia: está conectada con la expresión del alma.

»Cuando sientes que tu energía sexual se encuentra bloqueada —y esto le ocurre a muchísima gente—, es porque hay algo que está pasando en tu interior. Es importante abordarlo, tanto en pareja como a nivel personal. El primer paso es abrirse, abandonar los prejuicios y conectarse a nivel del alma. No os veáis solo como hombre y mujer, y conectad a un nivel que va más allá. Compartid como seres humanos, como lo harían unos amigos, para que podáis acercaros más.

»No abordéis este tema únicamente a nivel físico, sino al nivel de vuestra vida en común: cómo interactuáis, cómo conversáis, cuáles son vuestras esperanzas, vuestros deseos, vuestras aspiraciones. A menudo, cuando dos personas llevan mucho tiempo juntas, están acostumbradas a los patrones que han surgido. Además, la vida cotidiana puede ser muy ajetreada y hay muchas cosas que les absorben.

»Por eso, es importante que una relación no se convierta nunca en un hábito, porque se opacará el brillo del asombro, la excitación y la curiosidad. Se cubrirá de polvo y disminuirá el fuego sexual. Así que —y esto es importante a lo largo de toda la vida— pregúntate qué significado le encuentras a lo que haces, porque tu mayor regalo es el fuego, la pasión de tu alma en todo lo que haces.

—Jeshua, ¿cómo pueden crear intimidad emocional las parejas sin sexo? —pregunté.

—Lo fundamental es la apertura. La intimidad. *Intimidad* significa que estás tan relajado con alguien que te permites expresarle espontáneamente tus sentimientos más profundos. No tienes miedo a que te juzgue. Los dos campos energéticos de las personas que tienen intimidad emocional se abren el uno al otro de una manera muy amorosa. Lo miran con curiosidad y un verdadero sentido del asombro en lugar de verlo a través de las lentes de la convención o poniéndole alguna etiqueta, como exitoso, rico o esto o lo otro. Todas estas valoraciones superficiales desaparecen.

»¡Es un milagro! Cuando una pareja alcanza la intimidad, se abre una dimensión de verdadero asombro y empiezan a verse el uno al otro de una manera fresca y renovada. Se requiere un esfuerzo para lograrlo, porque la gente suele dejarse atrapar fácilmente por el miedo y luego por la energía mental que trata de controlarlo todo y hacer que las cosas funcionen. Por lo tanto, la intimidad siempre requiere que dejes de lado el futuro para estar presente en el ahora. Se renuncia a todos los mecanismos de control. Por ejemplo, en un matrimonio se supone que tenéis que estar juntos, que tenéis que hacer ciertas cosas juntos. Hay tantas reglas y expectativas que destruyen esa sensación espontánea de querer conocer al otro, de ver en qué momento se encuentra, qué siente ahora mismo... A menudo esto se pierde con el tiempo. Por eso hace falta crear espacio para estas sensaciones y vivir la maravilla de experimentarlas.

»Si quieres tener intimidad, tanto si lo haces para revitalizar la intimidad sexual como si simplemente estás con un amigo, ten en cuenta que la intimidad siempre requiere valor para abrirse y para superar el miedo al posible rechazo o juicio de la otra persona. La intimidad es un gran paso. Es asumir un riesgo.

—Jeshua, ¿cuál es el papel del sexo en las relaciones humanas? —pregunté—. Para empezar, ¿por qué somos seres sexuales?

—En la sociedad actual hay un gran malentendido acerca de la sexualidad —observó—. Esto se debe al paradigma científico predominante. Se considera la sexualidad como un mecanismo biológico de supervivencia, pero la verdadera naturaleza del sexo es mucho más sofisticada y está más conectada con el alma.

»El alma quiere crecer, ganar más conocimiento de sí misma y experiencia, y abrirse a través de las relaciones. Te encuentras con otra persona, y en ese encuentro te enfrentas a ti mismo, pero de una manera gozosa el otro puede ayudarte a verte de otra forma. Las dos partes, luz y sombra, están profundamente presentes en la danza de una relación. Es un poderoso medio de crecimiento. De hecho, la sexualidad es la dicha de la creatividad. Desde el punto de vista del alma, no está destinada principalmente a la supervivencia. Por eso, al alma no le importa si tienes una relación homosexual o heterosexual. El significado básico es la danza de la vida. La sexualidad tiene que ver con la celebración de tu propia singularidad y con compartirla con otra persona.

»Cuando dos individuos conectan en todos los niveles, es decir, tanto física como emocionalmente, se produce una conexión profunda. Esto crea una especie de magia entre ambos que potencia su crecimiento, pero también repercute en el mundo que los rodea. La sexualidad es mágica porque atrae una energía profundamente creativa. Es una fuente básica de inspiración para las personas; sin embargo, la sexualidad es más que una simple relación entre dos personas. Cuando, por ejemplo, un artista se siente verdaderamente inspirado, pintando, escribiendo o haciendo cualquier otra actividad, en realidad hay un flujo sexual en esta sensación de integración y excitación. La inspiración creativa es de naturaleza sexual. Así que es importante ver el ámbito de lo sexual no como algo limitado a lo físico o a tener hijos.

—¿Puedes profundizar en eso? —pidió Sarah.

—Cuando eres profundamente creativo o estás inspirado, te encuentras en el nivel de energía más alto, el chakra de la coronilla —dijo Jeshua—. En este estado se invoca un círculo que está conectado con tu chakra raíz en la base de tu columna vertebral. Se trata de un acontecimiento energético. Comienza a fluir hacia arriba y hacia abajo. En algunas tradiciones esto se denomina experiencia *kundalini*.

»Cuando todos los niveles de tu interior intervienen, y el alma se mezcla realmente con tu cuerpo y tu energía emocional, se convierte en una especie de luz, de fuego, que fluye a través de ti. El alma baja desde los chakras superiores, a la cabeza, al corazón, y luego quiere fluir hacia los centros energéticos inferiores. Los bloqueos principales se encuentran en el abdomen y en el chakra raíz, porque en el pasado se ha disuadido a la gente de expresar su creatividad. Tiene que ver con la historia y con la forma en que las instituciones gobernaban al pueblo, con toda esta división que había en la antigüedad entre hombres y mujeres, con la forma en que se los constreñía a roles muy limitantes. Por eso, en parte, la gente tiene tantos problemas para permitir que se exprese su creatividad, que también es permitir que su totalidad, su sexualidad, fluya libremente. Así que se trata de un tema mucho más profundo que las relaciones. Se trata de ser libre —verdaderamente libre— para expresarte.

A continuación, Jeshua se apartó para que Pamela pudiera hablar.

—Cuando nos integramos individualmente —añadió Pamela—, cuando una mujer integra su energía masculina y un hombre su energía femenina, nos volvemos verdaderamente creativos, y con ello nuestra relación florecerá también. No entraremos en esos patrones fijos y antiguos. Es un paso muy grande.

—Tengo otra pregunta para Jeshua —dije—. ¿Cuál es el papel y la importancia de la actividad sexual en las parejas mayores, incluidas las que llevan mucho tiempo juntas, en las que tal vez se necesite más reflexión y planificación?

—A veces es importante planificar el tiempo y el espacio para el otro —nos dijo—, porque cuando llevas mucho tiempo con alguien, en cierto modo te puedes olvidar de ti mismo y de tu compañero. Es importante mantener la sensación de frescura y asombro por el otro, y es posible.

»Se trata de cómo se relacionan las dos almas entre sí. A medida que envejecemos, la intimidad sexual puede adquirir una profundidad o dimensión que es más difícil de alcanzar cuando se es más joven. Además, cuando eres más joven y tienes hijos, tu atención está en otros asuntos. Estás muy pendiente de la vida cotidiana, de los temas prácticos. Es como si cuando estás formando una familia estuvieras totalmente encarnado en el mundo material.

»Cuando te haces mayor, te desencarnas. Disminuye tu enfoque en el mundo material. Estás menos obsesionado con los objetivos para el futuro. Por tanto, hay una mayor apertura al reino de lo espiritual, y en tu vida sexual puedes adquirir un sentido de la intimidad más profundo, que incluye lo físico pero está menos centrado en las sensaciones físicas. Estas son importantes, pero lo que cuenta más es la ternura y el sentirse completamente a gusto el uno con el otro.

»A menudo, esta sensación de intimidad solo puede existir entre personas que se conocen desde hace mucho tiempo. Es como si los cuerpos se volvieran fluidos en un encuentro así. También es una especie de experiencia mística lo que se siente en esos momentos de intimidad. Puede incluir el acto sexual o la obtención de un orgasmo, pero no es necesario. La verdad es que no importa tanto. Se trata de tocarse para acceder a un reino que está más allá de lo físico y que da una gran sensación de calidez y confort a ambos miembros de la pareja.

A continuación, hice una pregunta que sabía que interesaba especialmente a Sarah:

—Jeshua, ¿por qué es tan importante la noción de «persecución» en las relaciones sexuales? Normalmente, es un hombre el que persigue a una mujer. Y ¿cómo podemos pasar de esa persecución a una relación sexual continua e íntima? En otras palabras, muchas veces el hombre se siente menos atraído por la mujer porque la «tiene» ahora que la persecución ha terminado.

—La idea de que el hombre persiga a la mujer no es natural —señaló Jeshua—. Es algo que hemos inventado. Existe la creencia o el juicio de que un hombre debe cumplir sexualmente y, por tanto, debe perseguir a una mujer. Por supuesto, hay un deseo natural de querer conectar con alguien del sexo opuesto, pero en realidad está tan presente en una mujer como en un hombre. Lo que sucede es que en el pasado lo aceptable socialmente era que los hombres tomaran la iniciativa. Eso es algo muy poco natural.

»Lo que debería ocurrir en materia de sexualidad es que se eduque tanto a las niñas como a los niños para que se sientan cómodos expresándose entre ellos. Entonces la noción de persecución ya no tendría tanto sentido. Cuando los hombres creen que tienen que cumplir o que perseguir y conseguir una mujer es un logro, se obsesionan con este acto. No se produce una conexión real, y entonces la emoción desaparece. Cuando un hombre adopta este patrón de comportamiento, hay algo más complicado en su interior, cuestiones de por qué le cuesta entrar en una conexión íntima con una mujer. Hay que mirar al individuo para ver lo que realmente está pasando.

—En el caso de Jim, esto es algo muy importante —compartió Sarah—. Él ha estado muy centrado en cumplir. Por ejemplo, siempre que hemos tenido intimidad sexual, ha tratado de que tuviera un orgasmo el mayor número de veces posible. Al final era agobiante. A veces hacíamos el amor durante más de dos horas. ¿Por qué? Por ese rol masculino restrictivo en el que tienen que actuar. No conectamos realmente con el otro. Yo estoy tratando de complacerlo, y él está tratando de complacerme a mí, y esto es algo muy diferente.

—Siento que a un nivel bastante profundo esta necesidad de cumplir o de impresionarte proviene de que no se siente lo suficientemente bueno, de sentirse inseguro —le dijo Pamela a Sarah. Pamela estaba utilizando ahora su clarividencia para sentir la energía de la dinámica de Sarah y Jim—. Es complicado, porque cuando dices que no necesitas hacer el amor, él podría tomárselo como un rechazo.

—Sí, y eso es lo que sucede —confirmó Sarah.

—Este es un buen ejemplo de lo que a los hombres se les ha enseñado a hacer —añadió Pamela—. Se comportan así porque no están en contacto con su corazón. Tal vez las mujeres se sientan más inclinadas a decir: «No hace falta conseguir nada», pero para los hombres no es tan fácil ya que alcanzar logros forma parte de su definición de masculinidad. Les da miedo dejarlos a un lado.

—Jeshua —pregunté—, cuando la gente planea su vida a nivel del alma, y habla de entablar relaciones románticas comprometidas, ¿con qué frecuencia forma parte de la conversación cómo será su vida sexual? Y cuando planean tener poco o nada de sexo, ¿se suele planificar como una posibilidad, una probabilidad o una certeza?

—A veces forma parte del plan del alma tener un matrimonio o una relación íntima que no gire tanto en torno a lo físico —nos dijo—. Las relaciones suelen tener uno o dos puntos focales o cuestiones en el centro. Cuando dos personas se encuentran en el nivel del alma, quieren trabajar o tratar ciertos temas, y algunas veces lo sexual simplemente no es tan relevante. En ese caso, la inactividad sexual no será un problema.

»Sin embargo, hay muchas relaciones en las que se planea que la dinámica sexual tenga relevancia. Es importante observar la dinámica subyacente, porque cuando dices que está planificado que una pareja no tenga mucha intimidad sexual, si no tienen mucho sexo, es solo un efecto, pero la dinámica energética subyacente es el problema.

»Así que puede haber cuestiones kármicas entre los miembros de la pareja, pero las cuestiones kármicas siempre apuntan a cuestiones generales en la historia del alma de alguien. Puede ser, por ejemplo, que el alma quiera investigar o experimentar problemas de abuso. En realidad, hay una larga lista de cuestiones relacionadas con los problemas sexuales en esta área. Si las personas viven la inactividad sexual como un problema, necesitan investigarlo, y definitivamente es parte del plan del alma afrontarlo. Esto planteará muchas cosas: viejos dolores o juicios, en qué consiste ser un hombre o una mujer... Todos estos temas se tocan; es parte del propósito del alma. Cuando lo miras de esta manera desde un nivel superior, la conciencia colectiva se libera más de las cargas del pasado con respecto a la sexualidad. Entonces, los problemas sexuales siempre están relacionados con toda la sociedad. La sexualidad está todavía muy contaminada por la oscuridad, el miedo, el abuso y los dogmas del pasado.

—¿Solo podemos hacer el cambio a nivel individual, o hay alguna manera de hacer el cambio a nivel social? —preguntó Sarah a Jeshua.

—Las mujeres podrían desempeñar un papel destacado en la apertura del debate sobre esto —respondió—. A través de su emancipación, la mujer se ha vuelto más independiente, más en contacto con su propia vida, y tiene una comprensión natural de que la sexualidad no es solamente la gratificación física, el deseo o la lujuria. Tiene una comprensión innata de la conexión entre el corazón y el abdomen, así como del papel espiritual de la sexualidad, que en realidad es una experiencia sagrada. A nivel colectivo es importante tener más información y más comprensión de la naturaleza esencial del encuentro sexual, y en este momento las mujeres son más libres para hacerlo.

»Los hombres están, en cierto modo, más atormentados, más heridos por las definiciones tradicionales de la masculinidad. Se encuentran un poco perdidos en esta época. La vieja imagen del hombre fuerte, duro y controlador es cada vez más criticada. Así que se les dice a los hombres que tienen que conectar con su sensibilidad y su lado femenino; sin embargo, es como salir de una prisión. No es fácil hacerlo. En cierto modo, las mujeres están en mejor posición para crear un espacio de sanación, tanto para ellas como para los hombres, y también para informar a la sociedad sobre otras formas de abordar la intimidad y relacionarla con todo el ser humano.

—¿Cuál es el papel de la pornografía en esto? —le preguntó Sarah—, porque muchas veces, cuando las parejas tienen relaciones sexuales, el hombre utiliza la pornografía. Es bastante común.

—En la pornografía hay un énfasis en el logro —comentó Jeshua— y falta una verdadera intimidad y apertura. Cuando los hombres son inseguros, pero siguen teniendo deseos sexuales, la salida fácil es ver pornografía porque no hace ninguna falta abrirse. Los hombres inseguros también pueden pensar que lo que se requiere de ellos es el logro. Entonces empiezan a centrarse en eso, y se crea un sentido disminuido o pobre de lo que realmente significa la intimidad.

»Esta cuestión está estrechamente relacionada con la forma en que la sociedad cría e instruye a los niños: cómo se les habla de sexo. A menudo les dicen que es algo inmoral o sucio. ¿Qué espacio hay para conversar abiertamente y con sinceridad sobre los sentimientos de los adolescentes? No tienen información sobre lo que significa la intimidad. Abrir realmente ese debate tendría un poderoso efecto en las mentes de los jóvenes y los niños, y la pornografía perdería su atractivo. La sexualidad que implica intimidad real, apertura y un sentido de asombro y conexión genuina es mucho más satisfactoria que la pornografía.

—El deseo de ver pornografía es una especie de escape —añadió Pamela—. Es doloroso para la persona, si es consciente de ello.

—Siempre me ha preocupado el consumo de pornografía de mi marido —nos dijo Sarah—. Me he dado cuenta de que cuando estamos más cerca, cuando nos sentimos más íntimos el uno con el otro, ni siquiera físicamente, sino en general, él apenas recurre a la pornografía.

—Sí, porque la intimidad satisface una verdadera necesidad —confirmó Pamela.

ʕ໐ʔ

En el plano terrestre, casi nada es lo que parece. Aparentemente, según los estándares de la cultura moderna, algunos podrían considerar el celibato en la relación de Sarah y Jim como un fracaso, una disfunción, una anormalidad o incluso una falta de amor. Sin embargo, ambos planearon el celibato, que podría confundirse con la ausencia de amor, para lograr una mayor comprensión y expresión del amor. Como nos dijo el alma de Jim, este está ganando claridad sobre lo que es el amor, y tanto Sarah como él van aprendiendo que el amor profundo puede sostenerse sin sexo. Con el tiempo, la claridad y el aprendizaje les permitirán llevar todo ese amor a la forma sexual.

Como almas, Sarah y Jim crearon un plan de vida de aprendizaje a través de los opuestos. Al experimentar lo contrario de lo que desean conocer, llegan a comprender y a valorar mejor el sexo y el amor. Emprender un plan así, sabiendo que causará un sufrimiento temporal pero que tiene un gran valor, es un acto de audacia. Vivir ese plan en una época y en una sociedad en las que se desconocen en gran medida los propósitos divinos del celibato es un acto de extraordinaria valentía.

Al igual que la sociedad contemporánea juzga mal el celibato, también entiende mal la vulnerabilidad. La capacidad de autodefensa se confunde con la fuerza y la vulnerabilidad con la debilidad. De hecho, es precisamente lo contrario: la defensa es una forma de ataque y en la vulnerabilidad reside un gran poder. En busca de estas verdades, Sarah y Jim han elegido el celibato como camino hacia la completa apertura, honestidad y vulnerabilidad. Cuando alcancen esas virtudes, habrán aprendido lo que la familia de Sarah denominó «la lección definitiva»: una autovaloración tan profunda que les permitirá relacionarse sin miedo. Al extirpar el miedo de su relación, Sarah y Jim abren un camino energético que otras parejas pueden seguir. Lejos de ser un fracaso, su celibato cataliza un cambio personal y social en las relaciones románticas. Así es la evolución: del amor contaminado y diluido por el miedo al amor puro.

Cuando creamos nuestra planificación prenatal, a menudo nos proponemos enseñar justo lo que más necesitamos aprender. Las lecciones están destinadas primero al maestro. En la medida en que este aprende y vive esas lecciones, se convierte en un maestro más poderoso. Este es el camino que recorre Sarah cuando dirige una clase sobre la capacitación de las mujeres en la empresa para la que trabaja. En particular, el ejercicio que utiliza en su clase se llama «El buscador de coraje». La clase en general y el ejercicio en particular son formas en las que Sarah está aprendiendo a entrar en su propio poder y a liberarse del desempoderamiento femenino colectivo del que hablaba Jeshua. En esta vida, el alma de Sarah quiere que llegue a un mayor conocimiento de su propia fuerza y poder. La intención de su alma antes del nacimiento es cultivar ciertas virtudes o conocimientos y luego expresarlos en alguna forma de servicio a los demás. Para Sarah, la expresión del poder femenino en la clase es el cultivo del conocimiento de ese poder. Aquí las intenciones gemelas de cultivo y expresión se convierten en una sola.

Es importante que parte de la reivindicación de Sarah de su poder femenino consista en abrirse a la ira. Si no lo hace, su energía sexual *se quedará* en su ira. Como nos dijo Jeshua, el alma de Sarah quiere liberarse de los viejos miedos a la autoexpresión (particularmente como mujer) que tenía en su vida pasada con Jim. En la medida en que Sarah pueda ser sincera sobre la ira tanto con ella misma como con Jim, *liberará* el karma de la vida pasada, es decir, sanará la tendencia subyacente que creó el karma en primer lugar. También *armonizará* ese karma liberando la energía sexual para que se exprese sexualmente, en lugar de en forma de ira, con Jim.

El cultivo y la expresión del poder de Sarah le permiten ir más allá de los conceptos estrechos y restrictivos de nuestra sociedad sobre los roles tradicionales de género. Como nos dijo Jeshua, identificarse excesivamente con esos roles «limita el poder de expresión de tu alma». ¿Y qué es lo que nuestras almas desean expresar? La conexión, la alegría y la celebración y el compartir la singularidad de uno con su pareja. Todos estos sentimientos pueden expresarse a través de la sexualidad, pero ninguno lo requiere. La expresión creativa es de naturaleza sexual y, por lo tanto, sirve como otra forma a través de la cual nos expresamos como almas. Incluso cuando la expresión adopta una forma sexual, «al alma no le importa si tienes una relación homosexual o heterosexual». Para el alma, el amor es amor en todas sus formas.

Hablando a través de la autora y médium Michelle McCann, un colectivo de ángeles declaró:

> Cualquier circunstancia en la que un individuo no tenga una actividad sexual habitual fue una elección previa al nacimiento. La [razón] más común es que el alma quería saber cómo era vivir en un cuerpo y no experimentar la vergüenza sexual. Las almas que eligen vivir «en celibato» están sanando la vergüenza y el dolor de las acciones pasadas contra otros relacionadas con el sexo, mediante una vida simple y amorosa sin sexo. No hay nada malo en quienes toman esta decisión. Nosotros diríamos que, en muchos sentidos, son almas más evolucionadas, ya que su deseo previo al nacimiento era sanar esta parte de sí mismos y del colectivo. Las almas más evolucionadas viven la vida que les hace felices, independientemente de lo que la sociedad y la cultura les digan que deben hacer.

Los ángeles, los guías espirituales y otros seres no físicos que nos aman no juzgan en absoluto nada de lo que hagamos o dejemos de hacer. No hay literalmente nada que alguien pueda hacer para ser indigno de amor. Sin embargo, en el nivel de la personalidad albergamos juicios severos contra nosotros mismos y contra otros, incluidos quienes desafían las normas sexuales. Como Sarah y Jim, los que deciden no seguir las normas de comportamiento socialmente aceptadas lo hacen tanto para su propia curación como para la del colectivo.

Son vidas de servicio heroico.

Epílogo

L a Tierra es el planeta más difícil de nuestro universo para tener una encarnación. Después de haber tenido una vida aquí,
esa experiencia se convierte en parte de tu firma energética, que
consiste en una combinación de tu color y tu sonido únicos. Es a
través de tu firma energética como los seres del reino espiritual te
reconocen. Los nombres no son tan importantes como aquí.

Una vez que esta vida haya terminado, mientras viajas por el
universo haciendo lo que sea que elijas hacer, otros seres verán en
tu firma energética que estuviste en la Tierra. Y su reacción será
algo parecido a: «¿Fuiste a la Tierra? ¡Increíble!». Es decir, ¡están
tremendamente impresionados! Saben que se necesita un valor extraordinario para planificar una vida en la Tierra y aún más valor
para ejecutar la planificación prenatal una vez que estás aquí.

Te lo cuento como una forma de recordarte que deberías estar tremendamente orgulloso de ti mismo. Respétate y hónrate por
haber tenido el coraje tanto de planificar grandes desafíos como de
aprender de esas experiencias y recuperarte de ellas. El hecho de
que estés en un cuerpo del planeta Tierra te sitúa automáticamente
entre los seres más valientes del universo.

E independientemente de que hayas tenido, tengas o vayas
a tener alguna vez una relación amorosa en esta vida, debes saber

lo siguiente: planeaste cultivar un glorioso amor profundo, bello y maravilloso *hacia ti mismo*. En esta vida las nociones huecas y sin sentido como «indigno» y «menos que» se relegan a un basurero espiritual. Durante milenios, los seres humanos han buscado en el exterior lo que solo puede encontrarse en el interior. Has venido aquí para inaugurar una era de profundo amor hacia uno mismo, muy esperado y necesario desde hace mucho tiempo. Eres el catalizador del amanecer de un reconocimiento a nivel planetario de que todos y cada uno de nosotros somos la Divinidad encarnada.

El gran amor de tu vida eres *Tú*.

Apéndice

Médiums y canalizadores

Barbara Brodsky
www.deepspring.org
bbrodsky@deepspring.org
(734) 477-5848 (Deep Spring Center)

Pamela Kribbe
www.jeshua.net
pamela@jeshua.net

Corbie Mitleid
https://corbiemitleid.com
corbie@corbiemitleid.com
(877) 321 - CORBIE

Staci Wells
https://staciwells.com
info@staciwells.com